D1729805

Rolf-Jürgen Lang

Sommersprossen

Rolf- Jürgen Lang

# SOMMERSPROSSEN

## Auf dem Weg ins Leben
## Geschichten mit Luisa

mit Illustrationen von
Eva von Rossen

EOS-VERLAG, ST. OTTILIEN
2002

Bibliografische Information Der Deutschen Bibliothek
Die Deutsche Bibliothek verzeichnet diese Publikation
in der Deutschen Nationalbibliografie; detaillierte
bibliografische Angaben sind im Internet über
http://dnb.ddb.de abrufbar.

ISBN 3-8306-7128-8

© EOS-Verlag, 86941 St. Ottilien
   http://www.eos-verlag.de

# INHALTSVERZEICHNIS

# SOMMERSPROSSEN
## (eine Art Vorwort)

Wenn ich nach vorne schwinge sind es die frischen hellgrünen Birkenblätter, die sich gegen das Königsblau des Himmels abheben. Hier oben - wünschte ich mir - bliebe ich stehen, könnte das wunderbare Gefühl von den Zehen bis in die Haarspitzen festhalten. Doch die Ketten geben nach und ich sause zurück, um - den Boden fast streifend - nach hinten wieder hinauf zu schwingen, mit dem Blick auf die Wiese vor dem Haus.

Die Schaukel ist mein Lieblingsplatz in unserem Garten. Zu meinem sechsten Geburtstag habe ich sie von Mama und Papa bekommen.

Es ist eine besondere Schaukel. Der alte Schmied aus dem Dorf hat sie gebaut. Das Ungewöhnlichste daran ist das Sitzbrett. Es ist ein altes Stirnholz vom Geschirr eines Ochsen, das der Schmied in seiner Werkstatt noch gefunden hatte. Es hat die Form eines Sichelmondes, ist mit Stroh gepolstert und mit dickem braunen Leder überzogen.

Auf der Unterseite des Holzes ist ein Eisenbeschlag, der links und rechts mit einem Ring endet. Daran kann ich es an den Ketten befestigen. Das Leder ist schon richtig blank gerieben.

Das Gefühl damit an den ersten warmen Frühlingstagen durch die Luft zu fliegen, ist für mich jedes Jahr der Anfang vom Sommer.

Von keinem anderen Platz aus kann ich unsere Wiese mit den Tausenden von Gänseblümchen so schön genießen. Gänseblümchen sind meine Lieblingsblumen.
Wenn der Garten ein Gesicht wäre, dann wären die Gänseblümchen die Sommersprossen. Sie verschwinden nie vollständig. Selbst im Winter, wenn kein Schnee liegt, sieht man hie und da auf der Wiese eines dieser gelb-weißen Blümchen. ‚Tausendschön' nennt man sie auch. Sobald die Sonne rauskommt und es etwas wärmer wird, sprießen sie fast schneller, als das Gras - genauso wie Sommersprossen.
Mein Sommer ist die Gänseblümchenwiese. Das ist mein zu Hause.

Hier bin ich Luisa: zehn Jahre alt, rote Haare und Sommersprossen.

# Der schusselige Oscar

„Papa", fragte Luisa einmal ihren Vater, als er an ihrem Bett saß und eine Gute-Nacht-Geschichte erzählen wollte, „Papa, woher kommen eigentlich die Ostereier?"

„Nun ja, ich denke mir, der Frühling ist der Beginn des Jahres in der Natur. Nach einem kalten Winter kommt überall wieder das Leben zum Vorschein. Und der Beginn allen Lebens ist das Ei."
„Genau," erkannte Luisa, „aus dem Ei schlüpft das Küken und die kleinen Vögel und die Schlangen und die Eidechsen."

„Und was war in Mamis Bauch ganz am Anfang, als deine kleine Schwester Neele auf die Welt kam?" fragte Papa.
„Ein Nest und auch ein Ei!" wußte Luisa.

„Siehst du, das Ei steht immer am Anfang und deshalb denke ich, war das Ei schon immer das Symbol für das Anfangen. Ostern ist im Frühling, wenn in der Natur alles Leben wieder beginnt und deswegen wird es wohl die Ostereier geben."

„Aber warum sind die Ostereier bunt?" wollte es Luisa genau wissen.

„Wenn ich das wüßte!" antwortete Papa, „ich habe einmal gelesen, daß man schon vor siebenhundert Jahren Ostereier gekannt hat, aber damals waren die Eier bei der österlichen Speiseweihe in den Kirchen immer nur rot. Erst vor ungefähr vierhundert Jahren -1617- hat ein Herr Puteanus in seinem Buch ‚Ovi Euconium', das heißt auf lateinisch Osterei, von bunt gefärbten Ostereiern geschrieben. Aber wie es von den roten zu den bunten Ostereiern gekommen ist, das weiß ich nicht.

Am besten fragst du mal deinen Geschichtenerzählermann, der weiß darüber bestimmt mehr als ich."

Da wollte Luisa natürlich gleich bei dieser Gute-Nacht-Geschichte zu ihrem Geschichtenerzählermann.

Und schon erzählte ihr Papa vom Clowniluftballon, der Luisa und ihren Teddy Pauli abholte, um mit ihnen über die Wiesen und die Felder zu fliegen, hin zu dem Hügel mit den hohen Bäumen, wo die Hütte des Geschichtenerzählermannes stand.

„Kommt nur rein," sagte er, als er die drei bemerkte und sie schlüpften durch die Türe.

Wie immer saßen die beiden Hasen neben dem Tisch und stellten ihre Ohren auf. Auf dem Rupfenteppich lag das Reh mit den großen braunen Augen und die Katze stand auf der Ofenbank und machte gerade einen richtigen Katzenbuckel.

Der Geschichtenerzählermann stellte sein Glas auf den Tisch, legte seine Pfeife beiseite und schob seinen Hut in den Nacken.

„Was führt euch zu mir?" fragte er, als sich die drei an den Tisch gesetzt hatten.

Da platzte Luisa auch schon mit ihrem Problem heraus: „Weißt du, warum die Ostereier bunt sind?"

„Oh ja, Luisa, das weiß ich, daran ist der Oscar schuld."

Und dann erzählte der Geschichtenerzählermann alles ganz genau.

Vor fast fünfhundert Jahren lebte in diesem Wald hier eine Hasenfamilie.

Eigentlich war es eine ganz normale Hasenfamilie, Mama- und Papahase und viele Hasenkinder. Sie liefen über die Wiesen und die Felder und waren im Wald in ihrem Bau zu Hause.

Im Sommer knabberten sie Rüben auf den Feldern und fraßen den Klee auf den Wiesen und im Winter ernährten sie sich an der Futterkrippe. Wenn sie einen Fuchs sahen, liefen sie im Zick-Zack davon und war der Jäger auf der Pirsch, duckten sie sich im hohen Gras.

Die Tiere im Wald hatten die Hasen dazu ausgewählt, an Ostern den Menschen rote Eier vor die Türen zu legen, als Frühlingsbote und als Zeichen, daß nun in der Natur alles wieder zu wachsen beginnt.

Sie folgten dem Rat des großen Bären, der meinte: „Die meisten Tiere im Wald sind doch Hasen, sie sind flink und bei Mensch und Tier beliebt. Wer könnte also besser geeignet dazu sein, mit den Hühnern zu verhandeln, ihre Eier herzugeben, sie rot anzumalen und sie den Menschen zu bringen."

„Das könnte ich doch machen," schlug der schlaue Fuchs nicht ohne Hintergedanken vor. Felix, das Eichhörnchen, lehnte den Vorschlag aber sofort mit der Bemerkung ab:
„Da lachen ja die Hühner!"

Und so war die wichtigste Aufgabe der Hasenfamilie, einmal im Jahr Osterhase zu sein.

Nun hatte die Hasenfamilie damals wieder Nachwuchs bekommen und der Jüngste der kleinen Hasen, Oscar hatte im Wald schon einen zweifelhaften Ruhm erlangt. Oscar war nämlich ein besonders ungeschickter Hase und dazu noch ein echter Pechvogel. Gab es im Wald eine Sensation zu vermelden, dann war ganz sicher Oscar daran beteiligt.

Angefangen hatte alles beim Zick-Zack-Lauf-Training. Oscar hatte so einen Spaß daran, daß er immer schneller und wilder lief, bis er mit seiner Nase an einem Baum klebte und wie ein Sack umfiel. Seiner besorgten Hasenmama erzählte er, als er wieder aufwachte ganz stolz, er sei im Himmel gewesen, denn er hätte eine ganze Menge Sternchen gesehen.

Einmal, als er vor dem Fuchs weglief, landete er plötzlich im Eglsee und hätte ihm nicht Edgar, der Schwan, geholfen, er wäre wohl ertrunken. Den Fuchs hatte er allerdings abgeschüttelt, denn der war wasserscheu und verschwand, als er Oscar untertauchen sah.

Im Sommer riß er ein ‚Heumännchen' um, das der Bauer mühselig zum Heu dörren aufgestellt hatte.

Eigentlich wollte er sich unter dem ‚Männchen' nur ausruhen und sich vor der heißen Sonne schützen.

Als er dann verschlafen wieder hervor krabbelte, stolperte er über ein Holzbein des ‚Heumännchens' und eh er sich versah, klappte dies zusammen und begrub ihn unter sich. Er hatte ganz schön zu tun, bis er unter dem Heu wieder zum Vorschein kam.

Die größte Aufregung aber gab es, als Oscar einmal verschwunden war.

Den ganzen Tag hatte er mit den anderen jungen Hasen, Rehkitzen und den jungen Vögeln gespielt. Als die Hasenmama am Abend nachschaute, ob auch alle Hasenkinder im Bau waren und schliefen, stellte sie fest, daß Oscar fehlte.

Der ganze Wald suchte nach Oscar. Elsa, die Eule, die in der Nacht besonders gut sehen kann, flog sogar viele Extrarunden, um nach dem kleinen Hasen zu suchen. Als der Morgen graute und alle Tiere die Hoffnung schon aufgegeben hatten, Oscar jemals wiederzufinden, kam Daniel-Dachs von seiner Nachtschicht nach Hause und wollte sich in sein Bett legen. Da lag aber Oscar drin und schlief fest.

In seiner Schusseligkeit hatte er einfach den Bau verwechselt und sich statt in sein Bettchen in das von Daniel-Dachs gelegt.

Nun lachte der ganze Wald über Oscar und er hieß einfach nur noch „der schusselige Oscar".

Mama- und Papahase fanden das alles gar nicht so lustig. Vor allem machten sie sich große Sorgen darum, wie Oscar wohl seine Pflichten als Osterhase erledigen würde.

An diesem wichtigen Tag wurde natürlich jeder Hase dringend benötigt und man hatte alle Pfoten voll zu tun. Da mußte alles wie am Schnürchen klappen, sonst war es nicht zu schaffen, allen Menschen ihr rotes Ei zu bringen.

Zunächst lief auch alles nach Plan. Die Verhandlungen mit den geizigen Hühnern waren erfolgreich, wenn auch nicht ganz zufriedenstellend. Mama- und Papahase konnten genauso viele Eier von den Hühnern erbetteln, um jedem von den Menschen genau ein Ei bringen zu können.

Es waren also genügend Eier, aber es durfte nichts schiefgehen. Zunächst lief alles Pfote in Pfote und auch Oscar stellte sich nicht schlecht an.

Sie brachten alle Eier vom Hühnerstall zu ihrem Bau, ohne daß auch nur eines davon brach. Vorsichtig wurden die Eier dann an einem dornigen Schlehenast angepickst, damit die Schale beim Kochen nicht zerspringt.

Mit einem Löffel wurden sie dann in einen Topf mit kochendem Wasser gelegt, den Mamahase auf dem Herd aufgestellt hatte. Genauso vorsichtig wurden sie dann wieder aus dem heißen Wasser gefischt, nachdem sie lange genug gekocht hatten. Oscar fragte nebenbei mal seine große Schwester Hermine, wie lange die Eier denn kochen müßten. Worauf Hermine ihm erklärte:

„Genau so lange, bis Mama sagt: Die Eier sind jetzt hart."

Das verstand Oscar aber überhaupt nicht. Für ihn waren die Eier vor dem Kochen genau so hart wie nach dem Kochen. Hermine konnte ihm das auch nicht erklären, aber sie wußte, daß die Menschen den Unterschied zwischen einem harten und einem weichen Ei machen. Sie wußte auch, daß das Kochen beim Ei etwas besonderes ist. Denn alles, was die Menschen sonst kochen, Rüben,

Kartoffeln, Äpfel, Kraut, Fleisch oder Fisch wird weich, je länger man es kocht. Nur das Ei wird angeblich beim Kochen immer härter.

„Komisch!" stellte Oscar fest und Hermine stimmte ihm zu.

Dann wurden die Eier in eiskaltes Wasser gelegt. „Abschrecken nennt man das," erklärte Hermine wieder ganz klug.

„Warum erschreckt man denn die Eier?" wunderte sich Oscar wieder.

„Angeblich können die Menschen die Eierschalen dann leichter abmachen," wußte Hermine auch darauf eine Antwort.

Oscar merkte aber, daß sie ganz schön genervt war wegen seiner Fragerei.

Mama - und Papahase trugen nun die Hasenkörbe in die Stube, damit all die gekochten Eier hineingelegt werden konnten. Sie mußten nämlich in die Werkstatt vom Hasenmaler Hoppe gebracht werden. Dort kamen alle Hasenfamilien zusammen, um ihre Eier in einen großen Topf roter Farbe zu baden.

Meister Hoppe mischte die Farbe aus verschiedenen Kräutern, Beeren und roten Rüben zusammen. Von all diesen Sachen mußte er immer schon im Vorjahr einen großen Vorrat sammeln, die Kräuter trocknen, die Beeren einwecken und die roten Rüben in Sand einlagern, damit er zu Ostern ausreichend Farbe vorbereiten konnte.

Oscar war total fasziniert von Meister Hoppes Malerwerkstatt. Die vielen Farbtöpfchen auf den Regalen, die Pinsel, die Rollen, die Spachteln und all die vielen Zutaten in den Vorratskammern interessierten ihn ganz besonders. Neugierig nahm er seinen Eierkorb vom Rücken und während seine Geschwister, Mama und Papa ihre Eier einer nach dem anderen in den großen Topf mit der roten Farbe legten, beschloß Oscar einen Blick in all die anderen Farbtöpfchen zu werfen. Er kletterte auf einen Stuhl, hielt sich an dem Regalbrett fest und wollte sich nach oben ziehen.

Da schnappte das Brett aber auf der anderen Seite nach oben und alle Farbtöpfchen sausten mit einem Donnergetöse samt dem kleinen Oscar zu Boden. Oscar hatte Glück und landete neben seinem Eierkorb.

Aber all die Farbtöpfchen kippten natürlich geradewegs in den Eierkorb hinein.

Als Oscar sich aufrappelte, standen schon alle Hasen um seinen Korb herum und starrten entsetzt auf die Bescherung.

Da war ein Ei voller blauer Farbe, ein anderes war gelb und eines war sogar rot. Über ein Ei lief rote und blaue Farbe und machte es violett.

Das Ei, auf das blaue und gelbe Farbe traf, war grün und ein anderes war orange, weil sich darauf gelbe und rote Farbe vermischte.

Alle Hasen schüttelten nur den Kopf und konnten es einfach nicht fassen, was Oscar da wieder angestellt hatte.

Das war aber auch noch nicht alles. Selbst die schon fertigen roten Eier in einem Korb, der in der Nähe stand war von Oscars Tollpatschigkeit betroffen.

Die Farben spritzten nämlich noch ziemlich weit durch die Werkstatt und so hatten die roten Eier blaue, gelbe und grüne Punkte. Beim genaueren Betrachten des Unglücks stellten die Hasen sogar fest, daß es Eier gab, die vorne rot und hinten blau oder gelb waren.

Mama sagte in ihrem ersten Ärger laut, was alle anderen Hasen dachten: „Den schusseligen Oscar kann man für Ostern nicht gebrauchen."

Das machte den kleinen Oscar tief traurig und um allen zu beweisen, wie leid ihm das alles tat und um zu retten, was zu retten ging, schlug er vor, alle Eier in die rote Farbe zu tun.

„Die rote Farbe macht aus weißen Eiern rote Eier, sie wird auch aus bunten Eiern rote Eier machen," versuchte er alles wieder gut zu machen.

„Um Gottes Willen, nein," stöhnte Meister Hoppe jetzt auf, der sich offensichtlich vom ersten Schreck erholt hatte, „wenn diese Farben sich mit meinem Osterrot mischen, dann wird es sicherlich ein häßliches Braun und all meine Mühe und Arbeit des letzten Jahres wäre vergebens gewesen. Was würden die ganzen anderen Hasenfamilien sagen, wenn ich keine rote Farbe mehr hätte. Macht euch bloß vom Acker hier. Dieses Jahr müßt ihr halt mit diesen häßlich bunten Eiern zurechtkommen, ich kann euch da nicht helfen."

Und weil Mama- und Papahase wußten, daß sie keine Ersatzeier mehr hatten und Meister Hoppe nun alle Pfoten voll zu tun hatte, um seine Werkstatt wieder auf Vordermann zu bringen, hießen sie alle Hasenkinder ihre Eierkörbe wieder auf den Rücken zu nehmen und die Malerwerkstatt zu verlassen.

Natürlich mußte Oscar den Korb mit den bunten Eiern nehmen und auch kein anderer Hase wollte den Korb mit den gelb und blau gepunkteten Eiern tragen, denn jeder hatte Angst, dass er sich blamieren könnte, wenn andere Waldtiere ihn mit so einem Eierkorb sehen würden. Also schnallte Mama sich den Korb mit den gepunkteten Eiern auf den Rücken und dann hoppelten alle zur Türe hinaus.

Als Letzter schlich Oscar mit dem bunten Eierkorb hinterher. Keiner wollte neben ihm gehen. Selbst Hermine, die sich manchmal um ihn kümmerte, drückte sich ganz vorne an Papahase, um ja nicht mit Oscar zusammen gesehen zu werden.

Auf dem ganzen Heimweg ließ Oscar seinen Kopf und seine Ohren hängen. Je mehr er nachdachte, desto klarer wurde ihm, was Mama wohl damit gemeint hatte, als sie sagte, er wäre als Osterhase wohl nicht zu gebrauchen.
Er würde nicht, wie alle anderen Hasen zu den Menschen dürfen, um ihnen mit den roten Eiern Freude zu bereiten.

In den nächsten Tagen herrschte Ratlosigkeit bei der Hasenfamilie.

Mama- und Papahase überlegten eine Zeit lang, ob sie noch einmal zu den geizigen Hühnern gehen sollten, um frische Eier zu bekommen. Aber diesen Plan verwarfen sie bald wieder.

Selbst wenn sie wirklich von den Hühnern noch Eier bekämen, so könnte man sie zwar noch kochen, aber Meister Hoppe würde sie ganz sicher nicht mehr rot färben.
Und wenn man die Eier weiß zu den Menschen bringen müsste, dann könne man ja gleich die Bunten hinbringen.

„Und die Hühner würden schon vor Ostern dumm daher gackern," meinte Hermine warnend, „es reicht, wenn sie sich nach Ostern den Schnabel zerreißen."

Alle aus der Hasenfamilie stimmten ihr nickend zu. Nur Oscar saß traurig im Eck und wollte am liebsten im Erdboden versinken. Jetzt würde man im Wald nicht mehr nur über ihn reden, sondern über seine ganze Familie.

Und er allein war schuld daran.
Er schämte sich so sehr und vor lauter Scham und Traurigkeit wurde sein kleines Herz ganz schwer.

Am Karsamstagabend zog Mamahase einen Schlußstrich unter alles Hin- und Herplanen und bestimmte einfach, die bunten Eier werden auch verteilt. Und sie überlege sich noch, wem man diese Eier bringen könne, damit die Blamage nicht all zu sehr in die Welt getragen würde.

Bei den Hasen entstand nun ein Gemurmel und Gegrummel. Wer genau hinhörte, konnte auch gut verstehen, was die Hasen da so von sich gaben.

„Ich nehm' keine bunten Eier mit!" und „wenn mich meine Freunde mit so einem Ei sehen, bin ich das ganze Jahr unten durch!" und vieles Ähnliches mehr.

„Jetzt ist Schluss mit dem Geschimpfe," unterbrach Papahase den Unmut seiner Hasenkinder, „macht die Sache nicht noch schlimmer als sie eh schon ist. Ihr könnt alle eure roten Eier verteilen wie jedes Jahr.

Oscar wird seine bunten Eier verteilen. Wenn er noch in der Dunkelheit losläuft, werden es nicht viele Tiere im Wald mitkriegen.
Dass die Menschen über uns reden werden, können wir sowieso nicht mehr verhindern."

Oscar glaubte seinen Ohren nicht zu trauen. Hatte Papa wirklich gesagt, er dürfe heute Nacht auch als Osterhase zu den Menschen?

Eigentlich hatte er sich darauf eingestellt, dass das ein für alle mal für ihn vorbei sei. Aber Papa hatte es doch gerade gesagt. Und wenn er seine Geschwister so gehört hatte, dann war ja eigentlich auch klar, dass keiner von ihnen seine häßlichen bunten Eier verteilen wollte. Was blieb also anderes übrig, als dass er selbst es tun mußte. Am liebsten hätte er vor Freude einen Luftsprung gemacht, aber er hielt sich bescheiden zurück, um nicht wieder den Ärger der anderen herauszufordern. Hauptsache war, er darf Osterhase sein.

Oscar war sich sicher, in ein paar Jahren würde niemand mehr über seine komischen bunten Eier lachen und über den ‚schusseligen Oscar‘ reden.

Mamahase war inzwischen eingefallen, wohin man die bunten Eier bringen konnte.
„Oscar, jetzt hör' genau zu," zitierte sie den kleinen Hasen zu sich.
„Da unten am Waldrand, kurz hinter der Bachbrücke, steht ein einsamer Hof, da wohnt der Bergerbauer mit seiner Familie.

Die Bergers haben zehn Kinder und sie sind weit weg von den anderen Häusern. Außerdem sind es gute Leute, die andere nicht leicht verspotten. Zu denen bring' deine Eier. Da wird dann alles halb so schlimm."

„So und nun geht alle schlafen, denn ihr wißt, ihr müßt früh raus," scheuchte Papahase seine Familie in die Betten.

Oscar lag lange wach. Er konnte einfach nicht einschlafen, weil er sich so freute, nun doch Osterhase sein zu dürfen.

Am Ostersonntag, war Oscar der erste, der seinen Korb auf dem Rücken hatte. So schnell wie möglich wollte er aus dem Bau sein, um den spöttischen Blicken seiner Geschwister aus dem Weg zu gehen. Mamahase ermahnte ihn noch einmal, keine Dummheiten und Tollpatschigkeiten auf dem Weg zu machen und nachdem er die Eier abgeliefert habe, schleunigst wieder zurückzukommen.

Oscar hörte das alles nur mit einem Löffelohr. Und was bei einem Löffel hineinging, war beim anderen schon wieder hinaus. Er wollte nur noch loslaufen und platzte fast schon vor Ungeduld.

Endlich war er draußen in der Morgendämmerung. Der Wald war noch mucksmäuschen still. Nur ab und zu hörte Oscar das Rascheln von einem heimkehrenden Nachttier, ein Dachs, ein Fuchs vielleicht, ein Kauz oder eine Eule. Sie mußten zusehen, dass sie heimkamen, bevor die Sonne aufging. Die anderen Tiere schliefen alle noch.

Oscar fand das alles sehr aufregend. Noch nie war er so früh im Wald unterwegs. Und plötzlich brach seine ganze Freude aus ihm heraus. Alle Traurigkeit der letzten Tage war verschwunden.

Er war jetzt ein richtiger Osterhase oder fast ein richtiger Osterhase. Denn schließlich hatte er ja keine roten, sondern bunte Eier in seinem Korb. Das war ihm jetzt aber egal.

Vor lauter Freude fing er das Laufen an und je schneller er lief, desto größer wurde seine Freude. Eh er sich versah, tauchte im weißen Morgennebel das Haus vom Bergerbauer vor ihm auf.

Auf der Bachbrücke fing er an vor Freude und Glück Zick-Zack-Haken zu schlagen und so hoch wie möglich zu hüpfen. Sein ganzer Schwermut war verflogen und ihm war, als sei ein riesengroßer Stein von seinem kleinen Hasenherz gefallen und alles schien wieder viel leichter in ihm drin. Übermütig hüpfte und tanzte und sprang er in den Garten der Bergers. Vor dem Haus nahm er seinen Korb vom Rücken, um die Eier vor die Türe zu legen.

Mit einem Riesenschreck mußte Oscar feststellen, dass nicht nur sein Herz sich leicht anfühlte, sondern auch sein Rücken. Bei seinen Freudensprüngen hatte er alle seine bunten Eier verloren. Kein einziges war mehr im Korb.

Da kullerten die dicken Tränen aus seinen Hasenaugen, die doch gerade noch so geglänzt hatten. All die Freude und Fröhlichkeit waren plötzlich weggewischt. Er war also vor lauter Freude darüber, die Eier austragen zu dürfen, so schusselig gewesen, dass er wieder alles falsch gemacht hatte und seine Aufgabe, die Mama ihm gegeben hatte, auch diesmal nicht erfüllen konnte.

Was sollte er jetzt bloß machen? Am Liebsten würde er gar nicht mehr in den Wald zurückkehren wollen. Wer weiß, wer seine Schusseligkeit schon mitbekommen hatte und was für einen Spott er sich wird anhören müssen.
Spätestens wenn es sich herumspricht, dass die Bergers, die ja so eine nette Familie sind, keine

Ostereier bekommen haben, wird man im ganzen Wald mit den Pfoten auf ihn zeigen.

Solange aber dauerte es gar nicht, bis alle im Wald Bescheid wußten. Der Grünfink Johann, der gerade in seinem Nest auf der Föhre neben Bergers Hof aufgewacht war, hatte Oscar die ganze Zeit beobachtet. Als er Oscars Malheur sah, flog er auf und schlug schon in der Luft laut und deutlich an:
„Oscar hat die Eier verloren! Oscar hat die Eier verloren ! Ha, ha, ha! Ha, ha, ha !"
Da schlich Oscar total geknickt über die Bachbrücke zurück zum Waldrand. Dort setzte er sich verzweifelt ins Gras und weinte.

Von allen Bäumen wurde die Nachricht tief in den Wald getragen. Und was für andere ein schönes Morgengezwitscher war, war für Oscar das Schlimmste, was er sich vorstellen konnte.

„Oscar, Oscar", hörte der kleine Hase seinen Namen von überall her und er malte sich aus, wie alle Vögel ihre Köpfchen schüttelten, während sie verkündeten, dass Oscar seine Ostereier verloren hatte.
Nur Mamahase konnte sich die Verzweiflung des kleinen Oscars vorstellen und änderte sofort ihren

Heimweg, um nach ihm zu suchen. Am Waldrand entdeckte sie das Häuflein Elend. Mamahase drückte Oscar ganz fest an sich, bis er sich richtig ausgeweint hatte.

„Weißt du," sagte sie zu ihm, „jeder muß im Leben seine Erfahrungen machen. Du bist halt ein kleiner Schussel und wer weiß, wozu das alles einmal gut sein wird in deinem späteren Leben. Jetzt laß uns nach Hause gehen. Hör' einfach nicht hin, was die anderen sagen.
Irgendwann reden sie sicher nicht mehr davon und du ärgerst dich dann nur, dass du dir alles so zu Herzen genommen hast."
Sie nahm ihn bei der Pfote und begleitete ihn mit hocherhobenem Haupt zum Hasenbau.

Oscar hatte das Gefühl, dass der Spott überall dort, wo sie vorbeikamen leiser wurde. Trotzdem wußte er genau, dass er so schnell nicht verstummen würde. Und als sie in den Hasenbau hineingingen, würdigte kein einziger seiner Geschwister ihn auch nur eines Blickes.

Niemand sprach ein Wort als er an ihnen vorbeischlich. Er verkroch sich in sein Bettchen und weinte so bitterlich, wie er noch nie in seinem kurzen Leben geweint hatte.

Irgendwann hatte er keine Kraft mehr und schlief ein. Als Hermine ihn weckte, schien der ganze Hasenbau in großer Aufregung zu sein. Oscar hatte geträumt und mußte zuerst nachdenken, um sich daran zu erinnern, was alles passiert war.

Doch bevor er wieder traurig werden konnte, sagte Hermine: „Komm schnell, Oscar, da ist was ganz Seltsames passiert, schnell, schnell!"
Oscar rappelte sich auf und hoppelte zu den anderen in das Wohnzimmer des Hasenbaues.

Dort saß die ganze Familie nervös im Kreis und mitten drin thronte Felix, das Eichhörnchen und erzählte gerade, was er auf dem Bergerhof beobachtet hatte:
„Natürlich habe ich den Oscar gesehen, wie er voller Freude, das erste Mal Osterhase sein zu dürfen, zu den Bergers kam. Ich habe auf der großen Birke gesessen. Oscar tat mir so leid, als er geknickt und traurig davonschlich, nachdem er sein Unglück bemerkt hatte. Und der vorlaute Johann konnte seinen Schnabel wieder mal nicht halten und mußte gleich alles rausposaunen.

Ich bin gleich hinüber auf die Föhre gehüpft, um mir den Johann vorzuknöpfen und ihm die Leviten zu lesen. Als ich ihm gerade meine Meinung über seine unanständige Schadenfreude sagte, bemerkte ich, dass sich unten bei den Bergers etwas tat."

Ganz aufgeregt saßen die Hasen da und trieben Felix an, doch schneller zu erzählen. Auch Oscar, der sich hinter Hermine ganz klein machte, stellte seine Löffel hoch auf, um kein Wort von Felix Bericht zu überhören.

„Was ist denn passiert?" drängte Papahase ungeduldig.

„Nun, Oscar war noch nicht lange vom Hof verschwunden," fuhr Felix fort, „als die Tür bei den Bergers aufging. Der Berger Franz schob seine kleine Schwester, die Marion zuerst ins Freie hinaus. Dahinter erschienen alle Gesichter der anderen Berger Kinder. Ganz zuletzt kamen Mama und Papa Berger. Die hatten noch Schlafanzug und Nachthemd an. Sie waren alle sehr erschrocken und verstört, als keine roten Eier vor der Türe lagen."

Oscar wurde es hinter Hermine ganz mulmig zu Mute und er fühlte, wie langsam seine Verzweiflung wieder in ihm hochstieg. Aber er wollte trotzdem hören, was Felix über die enttäuschten Berger Kinder zu erzählen wußte.

„Sie konnten es zuerst gar nicht glauben." hörte er Felix weiter berichten:

„Franziska, die älteste Tochter sagte: ‚Vielleicht sind wir zu früh aufgestanden und der Osterhase war noch gar nicht da.' ‚Oder ist vielleicht noch gar nicht Ostern?' fragte Christian.

Roland schüttelte den Kopf:

‚So'n Quatsch, natürlich ist heut' Ostern, aber vielleicht hat der Osterhase unsere Türe nicht gefunden und die Ostereier bloß woanders hingelegt. Laßt uns doch mal nachschauen.'

Und so liefen alle Kinder in den Garten. Es dauerte nicht lange, da fand der Franz ein blaues Ei hinter dem Hollerbusch und rief alle zusammen: ‚Kommt schaut, ich hab' ein Ei gefunden, ein ganz lustiges, es ist nämlich blau.'

Alle rannten zum Franz und freuten sich über das blaue Ei. Sie liefen aber alle gleich lachend wieder los, um unter jedem Strauch und hinter jedem Baum zu schauen, ob nicht dort auch lustige Eier lagen.

Und tatsächlich, Marion fand hinter dem Apfelbaum ein gelbes Ei, Roland ein grünes einfach im Gras und Franziska ein violettes an der Bachbrücke. Jeder von den Kindern fand ein buntes Ei irgendwo in einem Versteck. Papa Berger fand sogar ein rotes Ei. Es lag mitten auf dem Weg.

Ich kann euch sagen...,"
Felix wurde nun richtig feierlich, „eine solche Freude hab' ich noch nie bei Kindern gesehen. Sie hatten so viel Spaß beim Suchen der bunten Eier, dass sie eigentlich gar nicht aufhören wollten.

Mama und Papa Berger haben sich mitten im Hof umarmt und ich konnte die Mama sagen hören: ‚Das ist das schönste Osterfest, das wir gehabt haben, Hermann.'
‚Da hast du wohl recht, Trude,' hat der Papa geantwortet und ganz laut zu seinen Kindern gerufen: ‚Frohe Ostern!'
Und alle haben lachend und fröhlich ‚Frohe Ostern!' zurückgerufen."

Als Felix seinen Bericht beendet hatte war es mucksmäuschen still im Hasenbau. Langsam drehten alle Hasen den Kopf zu Oscar herum, der sich immer noch hinter Hermine versteckte.

Noch bevor irgend jemand etwas sagen konnte, drang vom Wald draußen Lärm in den Hasenbau.

Wie ein Lauffeuer hatte sich im Wald herumgesprochen, was die angeblich häßlichen bunten Eier für eine Freude bei den Menschen ausgelöst hatten, wie fröhlich und ausgelassen die Bergers Ostern gefeiert hatten und wie sich auch die Heinrichs und die Zöpfels über die blau und gelb gepunkteten Eier gefreut hatten, die Mamahase bei ihnen abgeliefert hatte.

Der große Bär wußte sogar zu berichten, dass unter den Menschen schon heute überlegt wird, wer wohl nächstes Jahr die bunten Eier suchen dürfte oder die gepunkteten Eier bekäme.

Alle Tiere im Wald stimmten einen großen Jubel an und der schlaue Fuchs war der erste, der Oscar gratulierte und sagte: „Oscar, du bist ja wohl der erste echte Osterhase."
Plötzlich war der ‚schusselige Oscar' der große Star im Wald.

Als seine Geschwister mit stolz geschwellter Brust in den Wald hinauslaufen wollten, hielt sie Mamahase zurück und erinnerte sie daran, dass sie noch gestern Abend nichts mit Oscar und seinen bunten Eiern am Hut haben wollten.
„Oscar gebührt die Ehre und sonst keinem!" stellte sie eindringlich klar und dabei sah sie den

kleinen Oscar so an, dass ihm wieder einfiel, was ihm Mama gesagt hatte:

„Wer weiß, wozu das alles gut ist in deinem Leben."

Oscar nahm sich ganz fest vor, nicht hochmütig und stolz zu werden wegen seines plötzlichen Ruhmes.

Aber geehrt fühlte er sich in der nächsten Zeit schon, wenn seine Schwester sich bei anderen nicht nur mit ihrem Namen vorstellte, sondern, wie alle seine anderen Geschwister auch, immer sagte: „Ich bin die Hermine, Oscars Schwester."

Der kleine Oscar lebte noch sehr, sehr lange in unserem Wald. Er war nicht nur der erste echte Osterhase, der mit seiner Schusseligkeit das Verstecken der bunten Ostereier erfunden hatte, er war auch der glücklichste Hase, den die Welt je gesehen hatte.

„So, nun kennt ihr die wahre Geschichte von den Ostereiern und dem Osterhasen," sagte der Geschichtenerzählermann zu Luisa und ihren Freunden.

„Es ist spät geworden heute und ihr müßt zusehen, dass ihr ins Bett kommt."

Die drei standen auf, sahen, wie das Reh seine großen Augen schloß, die beiden Hasen ihre

Ohren runterklappten und die Katze sich auf der Ofenbank einrollte.

„Gute Nacht, ihr drei," sagte der Geschichtenerzählermann.

„Gute Nacht," antworteten Luisa, Pauli und der Clowniluftballon. Dann flogen sie wieder über den Hügel und die Baumwipfel an Karins und Markus Haus vorbei genau zu ihrem Häuschen und landeten in Luisas Bett.

„ Gute Nacht und bis bald," sagte der Clowniluftballon, bevor er zum Dachfenster hinausflog.

„Schlaf gut," sagte Papa, deckte Luisa zu und gab ihr einen Kuss. Luisa hatte ihre Augen schon geschlossen und begann mit dem Pauli im Arm zu träumen.

# MEIN FREUND PAULI

Der große Zeiger der Kinderzimmeruhr springt gerade auf die 12 und verdeckt den kleinen Zeiger total. Es ist Mitternacht.

Der Teddybär auf dem obersten Regalbrett kippt nach vorne über, schlägt mit seinem linken Arm auf der Truhe auf und fällt dann mit dem Gesicht nach unten auf den Boden, wo er reglos liegen bleibt. Sein Arm ist fast ausgerissen; sein struppiges graues Fell hat überall Löcher, aus denen die Wolle hervorquillt; ein Auge ist zerbrochen und das andere hängt nur noch an einem dünnen Faden; seine herzförmige, hellblaue Nase hat einen Sprung und ist total verschmiert.

Einen Moment lang ist es still. Dann hört man den Teddybären leise schluchzen. Da liegt er nun. Während sich alle anderen Spielzeuge zu dieser Nachtzeit ein paar Minuten bewegen können, liegt der Teddybär nur da und kann sich nicht rühren, weil ihm alles weh tut.

Am Liebsten wünschte er sich irgendwohin weit weg von diesem Kinderzimmer, in dem er nie richtige Freude hatte.

Oh ja, am ersten Tag, als er festlich hergerichtet mit blaugelber Schleife auf dem Geburtstagstisch saß, war er noch sehr hoffnungsvoll und gespannt auf sein künftiges Leben mit Kevin und seiner Schwester Pia. Aber schon am selben Abend benutzte ihn Kevin, um seine Schwester zu schlagen. Pia ging nicht viel besser mit ihm um. Einmal spielten sie sogar Fußball mit ihm. Gekuschelt hatte bisher noch keiner der beiden mit ihm. Noch nicht mal einen Namen hatte er bekommen.

Die schönsten Tage in diesem Kinderzimmer sind die, an denen er nicht beachtet wird. Da kann er sich ausruhen und seine Schmerzen so gut es geht auskurieren.

Gestern war wieder ein schlimmer Tag, an dem an ihm gezerrt und gezogen wurde und irgendwie landete er zum Schluß auf dem obersten Regalbrett, wo er achtlos liegenblieb.
Er spürt plötzlich eine Hand auf seiner Schulter. Der Teddy hält mit seinem Schluchzen ein und dreht sich vorsichtig um.
Er sieht in das Gesicht der zotteligen Negerpuppe.
„Komm Teddy, geh'n wir," sagt sie leise.

Sie hat es auch nicht leicht hier, das wußte der Teddybär.

Einmal hörte er, wie Pia zu ihrer Freundin sagte: „Ich spiele nicht mit einer Negerpuppe, weil Neger haben nichts im Kopf."

Pias Freundin widersprach zwar sehr heftig und erzählte, sie hätten ein schwarzes Mädchen in der Klasse, die sei die Klassenbeste, sei unheimlich nett und könnte drei Sprachen sprechen.

Aber Pia sagte zu ihrer Freundin: „Das glaube ich nicht. Das gibt es gar nicht und das kann auch gar nicht sein."

Da stritten die beiden und Pias Freundin rief zum Schluss: „Wer sagt, dass Schwarze nichts im Kopf haben, ist selbst hohl in der Birne!"

Dann ging sie wutentbrannt nach Hause und Teddy hat sie auch nie wieder bei Pia gesehen.

Die Negerpuppe reicht ihm ihre Hand und hilft ihm auf. So gut es mit seinen kaputten Augen geht, schaut Teddy sie dankbar an. Dann humpelt er so recht und schlecht auf die Puppe gestützt durch die offene Terrassentüre ins Freie.

Die laue Sommerluft tut ihm gut. Schweigend verlassen die beiden den Garten und schleppen sich die Straße entlang. Neben einer schwarzen Mülltonne, die auf dem Gehsteig steht, bleiben sie erschöpft liegen.

Als Luisa vor fast zehn Jahren zur Welt kam, besuchte Oma und Opa die Mama im Krankenhaus, um das Baby anzuschauen. Mama bekam einen großen Strauß bunter Blumen und für Luisa hatten sie einen großen Teddybären dabei. Luisa war aber noch so klein und interessierte sich überhaupt nicht für den Teddybären. Auch als sie älter wurde, saß der Teddybär auf dem Regal, weil Luisa viel lieber ihre Holzbauklötze mit ins Bett nahm, als ein Kuscheltier.

Der Teddy blieb dort aber nicht allein. So nach und nach saßen dort auch einige Puppen, ein Igel und ein Eichhörnchen, eine schwarzweiße Katze und eine graue Gans, ein zotteliger Löwe und ein ganz bunter Tausendfüßler, ein Schwein, ein Küken, ein Hase und, und, und... Lauter Puppen und Stofftiere, die Tanten, Onkel, Freunde und Bekannte von Mama und Papa für Luisa mitgebracht hatten, wenn sie zu Besuch kamen. Luisa setzte die Stofftiere alle liebevoll auf das Regal, aber gespielt hat sie nie mit ihnen. Auch in ihrem Bettchen hatte keines der Tiere und keine der Puppen einen Platz bekommen.

Mama machte das ein bißchen traurig, denn alle anderen Kinder in Luisas Alter hatten irgendein Kuscheltier oder eine Lieblingspuppe, die sie abends mit ins Bett nahmen. Nur Luisa zeigte dafür kein Interesse.

Mamas Lieblingspuppe hieß Anton. Sie hatte die Puppe von ihrem Großvater bekommen, der sie einmal von einer Rußlandreise mitbrachte.

Anton war eine Babypuppe. Er war aus hartem Plastik, hatte ein pausbäckiges Gesicht mit einem süßen Kussmund, die Haare waren blond und seine Augen strahlend blau. Das Besondere an ihm war, seine Beinchen und Ärmchen waren so geformt, daß er krabbeln konnte wie ein echtes Baby. Sein Kopf, seine Arme und Beine waren in seinem Körper mit einem Gummiband verbunden und ließen sich dadurch bewegen.

Mama würde den Anton irgendwann einmal an Luisa weitergeben, aber erst dann, wenn sie vorsichtig genug mit den Spielsachen umgehen konnte, um ihn nicht kaputt zu machen. Allerdings war das Gummiband in Antons Körper etwas ausgeleiert.

Schließlich hatte Mama ja jahrelang mit ihm gespielt. Sie hatte ihn auch oft gebadet und sehr viel bewegt.

Seit einigen Jahren liegt der Anton in einem Schachtelbettchen im Schrank. All das hat dem Gummi nicht so gut getan und er hatte seine Zugkraft verloren. Die Ärmchen und Beinchen baumelten nur noch an Antons Körper und der Kopf fiel entweder auf die Brust oder in den Nacken.

Also beschloß Mama eines Tages, den Anton zum Puppendoktor zu bringen. Sie steckte die Schachtel mit dem Anton in eine Tasche, setzte Luisa in ihren Kinderwagen und dann machten sich die beiden auf den Weg. Damals wohnten sie noch in einer großen Stadt und so fuhren sie mit der Straßenbahn in die Stadtmitte. Mama und Luisa brauchten nur noch um ein paar Straßenecken zu gehen und schon standen sie vor einem Schaufenster, in dem viele Puppen und Stofftiere saßen.

Über dem Geschäftseingang stand mit großen Buchstaben:
*KURT SCHARNAGL*
*PUPPENDOKTOR UND TEDDYKLINIK*

Mama öffnete die Ladentüre und stieß damit an eine silberne Glocke, die von der Decke herabhing. Das laute Bimmeln erschreckte Luisa entsetzlich, so daß sie sich sofort beide Ohren zuhielt.

Wie das Schaufenster, war auch der Laden voll mit Puppen und Stofftieren.

Auf der einen Seite des Ladens stand ein großes Schild mit der Aufschrift:

*‚Wartezimmer‘*,

auf der anderen Seite war auf einem Schild zu lesen:

*‚Aufwachraum‘*.

In der Mitte war eine Theke über der - an zwei Ketten befestigt- ein weiteres großes Schild von der Decke hing, auf dem stand:

*‚Sprechzimmer und Operationssaal‘*

Hinter dieser Theke saß Herr Scharnagl, der Puppendoktor. Er war ein hagerer Mann mit grauen, lockigen Haaren. Unter seiner dicken Knollennase hatte er einen Schnauzbart und auf ihr saß eine Nickelbrille. Seine Augen lachten genauso, wie sein Mund. Er trug einen weißen Kittel und um den Hals hing ein Stethoskop.

Mama schob Luisa in das Wartezimmer, wo eine ganze Menge Patienten darauf warteten, von Dr. Scharnagl geheilt zu werden. Da waren nicht nur Puppen und Stofftiere mit großen und kleinen Verletzungen, nein, da saß sogar ein Gartenzwerg und eine leibhaftige Schaufensterpuppe, die alle in das Sprechzimmer wollten.

Dr. Scharnagl fragte mit einer tiefen freundlichen Stimme: „Na, wem tut denn etwas weh?"
Dabei lachte er Luisa an. Mama nahm die Schachtel mit dem Anton aus der Tasche und erklärte dem Puppendoktor das Leiden der Babypuppe.

Der Doktor nahm sich viel Zeit, den Anton zu untersuchen und sagte der Mama auch, dass man den Anton wieder schnell gesund machen müsse, denn er sei ja schon sehr blass. Mama und der Puppendoktor verstanden sich sofort sehr gut, denn Mama erzählte ihm alles über den Anton.

Luisa saß in ihrem Kinderwagen und verstand noch gar nicht, was Mama und der Dr. Scharnagl da alles miteinander redeten. Sie sah sich währenddessen im Wartezimmer des Puppendoktors um.

Unter all den kleinen und großen Patienten entdeckte Luisa gleich neben ihrem Kinderwagen einen Teddybären mit struppigem grauen Fell. Überall an seinem Körper hatte er Löcher aus denen Wolle hervorquoll. Eines seiner Augen war zerbrochen und das andere hing nur noch an einem dünnen Faden, so daß der arme Teddybär schielte. Sein linker Arm hing völlig verdreht an ihm herunter und seine hellblaue, herzförmige Nase hatte einen Sprung und war total verschmiert.

Luisa beugte sich weit aus ihrem Kinderwagen heraus und streichelte mit ihrer Hand über den struwweligen Teddybären und sagte immer wieder ganz leise: „Au, lieb! Au, lieb!"

Mama hielt mitten im Gespräch mit Dr. Scharnagl inne und beobachtete verwundert ihre kleine Tochter. Wieder und wieder streichelte sie zärtlich den kaputten Teddybären und flüsterte liebevoll: „Au, lieb!"

Mama traute ihren Augen nicht. Hatte Luisa nicht ein ganzes Regal voll mit wunderschönen neuen Stofftieren und Puppen? Und hatte sie jemals schon gesehen, wie Luisa mit einem dieser Kuscheltiere oder Puppen spielte, geschweige denn mit ihnen kuschelte oder eines der Tiere streichelte?

Und diesem zotteligen, alten, verschmutzten Teddy, der zerrissen und zerlumpt im Wartezimmer des Puppendoktors lag, schenkte sie auf Anhieb ihre ganze Aufmerksamkeit? Mama konnte nicht glauben, was sie da sah.

Auch der Puppendoktor beobachtete das niedliche rothaarige Mädchen, das da so herzig mit einem seiner kleinen Patienten umging.

Mit traurigem Blick sagte er zu Mama: „Schön, dass der Teddybär noch einmal ein bißchen Aufmerksamkeit von einem Kind bekommt. Mit dem wird wohl nichts mehr zu machen sein, den hat es schon zu schlimm erwischt."

„Oh, da wird das Kind, dem der Teddy gehört aber traurig sein," bedauerte Mama den kleinen Patienten.

„Auf den wartet kein Kind mehr," berichtigte Dr. Scharnagl die Mama, „den Teddybären hat letzte Woche ein Müllmann zu mir gebracht zusammen mit einer traurigen Negerpuppe. Er hatte die beiden während seiner Arbeit neben einer Mülltonne gefunden und dachte, die wären doch zu schade, um auf der Müllkippe zu landen.

Er hat sie in sein Lastauto vorne hineingesetzt und als er meine Tonne leerte, hat er mir die beiden in den Laden gebracht. Die Negerpuppe habe ich am Wochenende schon wieder verkauft, aber der Teddy da wird wohl doch noch in der Mülltonne landen."

Mama war entsetzt und aufgeregt zugleich. „Wieso," fragte sie, „ist er denn wirklich nicht mehr zu richten?"

„Na ja," meinte der Puppendoktor, „zu richten wäre er vielleicht schon noch, aber es macht halt sehr viel Arbeit und das wird natürlich sehr teuer.

Auch wird er danach nicht mehr ganz neu aussehen und niemand wird mir dafür so viel Geld geben, dass sich meine Arbeit lohnen würde." „Was kann man denn nicht mehr so schön richten an diesem Teddy?" wollte Mama wissen.

Der Puppendoktor kam hinter seiner Theke hervor und ging ins Wartezimmer. Er beugte sich zu Luisa hinunter, die immer noch den Teddy streichelte, hob den Teddybären hoch und besah ihn sich genau.
Als der Doktor das kaputte Stofftier an sich nahm, streckte Luisa beide Hände nach ihm aus und begann laut zu weinen.
Dr. Scharnagl hielt Luisa den Bären ganz nah hin und schüttelte den Kopf.
„Nein," sagte er, „den kannst du nicht haben, der ist doch total schmutzig."

Und dann erklärte er Mama, dass er wohl die Augen, die Nase und den Arm wieder hinbekommen würde, aber das Fell sei schon sehr ramponiert und wohl nicht mehr zu ersetzen. Ein solches Fell würde er auch nirgendwo mehr herbekommen.

„Man könnte an ein paar Stellen nur Flicken auf das Fell nähen," erklärte der Puppendoktor.

„Und was würde es kosten, wenn sie ihn doch wieder richten?" fragte Mama vorsichtig an, während sie Luisa auf den Arm nahm, um sie zu beruhigen.

„Na ja, dafür könnten sie sicher zwei wertvolle neue Teddys kaufen," überlegte Dr. Scharnagl, „drei, vier Stunden Arbeit hätt' ich mit ihm schon und da müßte ich schon hundert Mark nehmen."

Mama überlegte fieberhaft. Hundert Mark, das war viel Geld für einen Teddybären und sie mußte eigentlich auf jeden Pfennig achten, um über die Runden zu kommen.

„Hundert Mark," sagte sie, „nein, das geht nicht. Ich würde ihn gerne haben, aber das ist einfach zu viel."

Während sie Luisa noch weinend in den Kinderwagen zurücksetzte, erzählte sie Dr. Scharnagl, daß Luisa sich bisher noch nie für ein Kuscheltier interessiert habe und sie deshalb so verwundert über sie sei. Diesen Teddy hätte sie ihr gerne gekauft, aber hundert Mark könne sie sich einfach dafür nicht leisten. Der Puppendoktor zuckte bedauernd mit der Schulter und legte den Teddy wieder auf seinen Platz zurück.

Dann ging er wieder hinter seine Theke und gab Mama den ‚Einweisungsschein' für den Anton.

„Am Freitag ist der Anton wieder gesund," sagte er mit seiner freundlichen Stimme.

Mama nahm den Schein und steckte ihn in ihre Geldbörse. Als sie sich zu Luisa herumdrehte, streichelte sie gerade wieder den Teddybären und flüsterte noch einmal: „Au, lieb!"

Luisa weinte nicht mehr, als Mama mit ihr unter dem lauten Gebimmel der Ladenglocke den Puppendoktor verließ.

Auf dem Weg zur Straßenbahn sah Luisa Mama traurig an. Über ihre Backen liefen ein paar Tränen und dann flüsterte sie ganz leise: „Au, lieb!"

Da schossen der Mama die Tränen in die Augen und am Liebsten hätte sie hemmungslos losgeweint. Sie drehte den Kinderwagen um und rannte so schnell sie konnte zurück zu Dr. Scharnagls Puppenklinik. Die Passanten auf den Bürgersteigen drückten sich an die Hausmauern, um die weinende Mutti, die es so eilig hatte, vorbeizulassen.

Völlig außer Atem stürmte Mama zusammen mit Luisa in den Puppenladen. Nun erschrak Dr. Scharnagl, als seine Glocke wie verrückt bimmelte.

Mama schnappte nach Luft, lief ins Wartezimmer und stellte entsetzt fest, dass der Teddy nicht mehr da war.

„Haben sie ihn weggeschmissen?" japste Mama.

„Nein," beruhigte sie Dr. Scharnagl, „hier ist er, ich hab' mir das arme Kerlchen noch einmal genauer angesehen."

„Ich nehm' ihn," sagte Mama fest entschlossen, „richten sie ihn, ich nehm' ihn."

„Gut, gut," sagte Dr. Scharnagl und sah Mama lächelnd über seine Brillengläser an, „ich denke, ich krieg' ihn für achtzig Mark hin, ist das in Ordnung?"

Mama hätte ihm am Liebsten einen Kuss gegeben.

„Am Freitag, wenn sie den Anton holen, ist er fertig," versicherte Dr. Scharnagl.

„Welchen Namen schreiben wir denn auf den Einweisungsschein?" wollte er noch wissen.

Mama stutzte. Einen Namen hatte der Teddy ja wohl nicht. Luisa sagte nur „Au" für die Verletzungen des Teddys und „lieb" für ihr Streicheln. Aber „Au, lieb" war ja wohl kein richtiger Name für einen Teddybären.

„Pauli!" schoß es der Mama durch den Kopf und sprudelte sofort aus ihrem Mund.

„Pauli, ja Pauli soll er heißen," bestätigte Mama sich selbst und dem Doktor den Namen des Teddys noch einmal. Sie nahm den zweiten Einweisungsschein und steckte ihn zu Antons in die Geldbörse. Mit einem „Bis Freitag!" verabschiedete sie sich von Dr. Scharnagl.

Als hätte Luisa alles, was da gerade geschehen war, verstanden, saß sie auf dem Weg zur Straßenbahn zufrieden in ihrem Kinderwagen.

Mama zermarterte sich aber den Kopf, woher sie bis Freitag die achtzig Mark auftreiben könnte. Zuhause plünderte sie zu allererst ihr Sparschwein, aber es hatte nur vierzig Mark in seinem Bauch. Gott sei Dank riefen am nächsten Tag Luisas Oma und Opa an, um Mama zu bitten, ihnen die Haare zu schneiden.

Da hatte Mama eine Idee. „Ausnahmsweise," sagte sie, nach dem sie den beiden die Haare geschnitten hatte, ausnahmsweise ist der Friseur heute mal nicht umsonst. Heute müßt ihr mir jeder zwanzig Mark bezahlen. Ich verspreche euch, dass ihr damit etwas für eure Enkeltochter tut, das sie euch niemals vergessen wird.

Aber was es ist, verrate ich euch nicht."

Natürlich gaben Oma und Opa der Mama das Geld. Und sie glaubten ihr auch, dass es nicht für das Haareschneiden war, sondern für etwas Besonderes für Luisa.

Am Freitag machte sich Mama mit Luisa gleich am Vormittag auf den Weg zu Dr. Scharnagl in die Puppenklinik.
Der Puppendoktor gab Mama zuerst den Anton. Der konnte jetzt tatsächlich wieder krabbeln wie ein echtes Baby und dabei seinen Kopf hochhalten.
Dann griff er unter die Theke und holte den ‚Pauli' hervor.
Mama blieb ein Kloß im Hals stecken. Der Teddy war gewaschen. Seine Augen waren beide ganz und fest angenäht. Mama schien es, als schielte der Bär immer noch ein kleines bißchen. Die beiden Arme waren an den Krallen zusammengenäht und umschlangen ein kleines weiches Kissen.
Unterhalb des linken Ohres hatte er einen dunkelbraunen Flicken auf seinem grauen Fell und auf dem Rücken noch zwei davon. Seine Nase hatte keinen Sprung mehr und war wieder strahlend hellblau.

Mama verliebte sich sofort in diesen ‚Pauli', hatte aber Angst, Luisa könnte ihren Teddy nicht mehr wiedererkennen. Die aber streckte beide Hände nach ihm aus und rief lachend: „Au, lieb!"

Dr. Scharnagl beugte sich über die Theke und gab Luisa den Teddy, den sie sofort ganz fest an sich drückte.

Da kullerten Mama noch einmal Tränen über die Backen.

Dr. Scharnagl lächelte und streichelte Mama verständnisvoll über die Hand. Dann setzte er sich an seinen Tisch und schrieb murmelnd die Rechnung.

„Achtzig Mark der Pauli und fünfzehn Mark der Anton, das macht zusammen neunzig Mark."

Nun lachte Mama und bezahlte. Dr. Scharnagl brachte die beiden noch zur Türe, beugte sich dort noch einmal zu Luisa hinunter und sagte: „Ich glaube, der Pauli hat ein Riesenglück gehabt in seinem Leben, aber er hat das auch ganz sicher verdient."

Dann gab er zuerst Luisa und danach der Mama die Hand und sah den beiden von der Türe aus nach, bis sie hinter der nächsten Straßenecke verschwunden waren.

Heute ist Luisa schon fast zehn Jahre. Anton ist schon lange ihre Lieblingspuppe, denn Mama hat sie ihr schon vor einigen Jahren gegeben. Nicht ohne ihr zu erklären, wie vorsichtig sie mit ihm umgehen müsse und dass sie den

Anton irgendwann auch an ihre eigene Tochter weitergeben müsse. Ihre Freundinnen haben fast alle eine ‚Baby Born Puppe' oder ‚Barbies', aber sie neiden ihr den Anton, weil er halt so süß aussieht und so einmalig ist. Einige andere Puppen haben in Luisas Kinderzimmer auch einen festen Platz bekommen und Luisa spielt ganz gerne mit ihnen. Natürlich gibt es auch noch das Regalbrett mit den Kuscheltieren in ihrem Zimmer.

Luisas Bett aber ist einzig und allein das Reich von Pauli. Seit mehr als acht Jahren geht Luisa nicht ohne ihren Pauli schlafen. Er geht mit, wenn Luisa bei einer ihrer Freundinnen übernachtet, er fährt mit zu Oma und Opa und ist im Sommer im Ferienlager dabei.

Pauli durfte sogar immer mit in den Urlaub fliegen. Alle Spielsachen beneiden den Pauli sehr darum, dass er jeden Abend eng an Luisa gekuschelt einschlafen darf. Aber natürlich kennen sie alle seine Geschichte und gönnen ihm Luisas Bett von Herzen.

Dr. Scharnagl würde sich freuen, gerade diesen Teddybären wieder zu sehen, denn der Pauli hat sich seit dieser Zeit kaum verändert. So vorsichtig ist Luisa mit ihm umgegangen. Nur Paulis Fell am rechten Ohr ist nicht mehr so wie damals.

Dort sind die Fellhaare nämlich nicht mehr lockig und struwwelig wie am restlichen Körper, sondern ganz gerade. Das ist aber eine ganz andere Geschichte, die der Pauli vielleicht einmal gleich nach Mitternacht den anderen Stofftieren und Puppen im Kinderzimmer erzählen wird.

# DER KAROTTENDIEB

Es hatte die ganze Nacht hindurch geschneit. Die Wiesen, die Felder und die Straße hatten eine übergangslose weiße Schneedecke bekommen. Der Postkasten hat nun eine weiße Mütze auf, die Telefondrähte sind zu breiten, weißen Bändern geworden und die Fichten lassen ihre langen Äste unter der schweren Schneelast tief hängen.

Luisa sitzt am Fenster und betrachtet verträumt das sanfte Spiel der Schneeflocken.
„Endlich," denkt sie, „endlich hat es geschneit."

Der ganze Advent war ohne eine Schneeflocke vergangen. Wenn sich nicht am Heiligen Abend wenigstens ein paar Schneeflocken wie Puderzucker über die Landschaft gelegt hätten, dann hätte sie dieses Jahr gar keine weihnachtliche Stimmung gehabt. Als dann unter dem Tannenbaum auch noch eine Schneematte lag, mit der man so richtig schnell die Berge hinunterrutschen konnte, mußte Luisa fast lachen.
„Was soll ich denn damit", fragte sie Papa, „wenn es sowieso nicht schneit?"
„Wart 's nur ab," tröstete sie Papa damals.

Und jetzt, am letzten Tag der Weihnachtsferien war die Welt tatsächlich im Schnee versunken.
Luisa hört Mama in der Küche mit dem Geschirr klappern und auch das „Da, da, da!" von Neele dringt ab und zu in ihr Kinderzimmer herüber.

Luisa stellt sich vor, was wohl in dem kleinen Köpfchen ihrer Schwester vorgehen mag. Schließlich ist es ja der erste Schnee, den Neele in ihrem Leben sieht. Sie ist gerade fünf Monate alt. Mit ihr wird sie sicher nicht im Schnee spielen können und mit dem Kinderwagen bei so viel Schnee hinausgehen, wird wohl auch nicht viel Sinn haben.
„Ich werd' die Franziska anrufen," denkt sie bei sich und ist auch schon auf dem Weg zu Mama in die Küche.
„Guten Morgen, Mama!" ruft sie froh gelaunt, „guten Morgen, Mäuselein!"
Mäuselein ist Neeles Spitzname, den nur sie verwendet. Sie gibt dem Baby einen Kuss auf die Backe und Neele strahlt über das ganze Gesicht wie jeden Morgen.
„Guten Morgen, mein Schatz!" sagt Mama und drückt sie.
„Darf ich die Franziska anrufen, ob sie zum Spielen im Schnee zu mir kommt?" fragt Luisa und hat den Telefonhörer schon in der Hand.

„Nun zieh dich doch zuerst an," lacht Mama, „nach dem Frühstück kannst du sie ja anrufen oder willst du im Schlafanzug hinausgehen?" „Oh!" sagt Luisa und saust ab ins Badezimmer.

Beim Frühstück überlegt Luisa, was sie alles machen könnten im Schnee und hofft sehr, dass Franziska von ihrer Mama gebracht werden könnte, denn Mama kann wegen der Neele hier nicht weg und Papa war längst arbeiten.

Franziska darf den ganzen Tag bleiben. Luisa ist happy. Schnell hat sie ihren Schneeanzug angezogen, die Mütze auf dem Kopf, den Schal um und ihre Stiefel an. Bei den Handschuhen muß Mama ihr helfen, sie unter die Ärmel zu stecken. Und dann sind die beiden schon mit Schlitten und Schneematte auf dem Weg zum ‚Bergerl' hinter dem Haus.

Hei, macht das einen Riesenspaß, mit Luisas neuer Schneematte. Auch Franziska ist ganz begeistert, vor allem, weil die Matte so groß ist, dass man auch zu zweit darauf den Berg hinuntersausen kann.

„Wenn am Sonntag noch Schnee liegt, mußt du unbedingt ins Dorf kommen," lädt Franziska

Luisa ein, „am Leitenberg geht das noch einmal so gut. Was meinst du, wie die Jungs glotzen, wenn du mit dieser Turbomatte rutscht."
Luisa lacht, aber die Idee findet sie super.

Beim Mittagessen erzählen die beiden, wie toll der Vormittag draußen war und Mama hat nichts dagegen, als Luisa fragt, ob sie am Wochenende an den Leitenberg zum Rodeln darf.

Als sie sich aufgewärmt hatten, gibt Mama ihnen andere Mützen und Handschuhe, weil die vom Vormittag klatschnass sind. Sofort wollen sie wieder hinaus.
„Würdest du bitte erst noch einmal den Weg frei schaufeln?" bittet Mama, denn es hat noch immer nicht aufgehört zu schneien.

Die beiden machen sich gleich an die Arbeit. Als sie den Schnee links und rechts vom Gartenweg auftürmen, beschließen sie einen großen Schneemann zu bauen. Er soll gleich neben dem Felsbrocken stehen, den Papa mitten auf dem Rasen neben dem Apfelbaum gelegt hatte. Papa hat Luisa einmal erzählt, als sie ihn gefragt hatte, wo der Felsen denn herkäme, dass ihn der Bagger aus dem Loch gehoben habe, als er die Kläranlage auf dem Grundstück gebaut habe.

Jetzt findet Luisa ihn ganz praktisch, denn die beiden Mädchen können auf den Stein klettern, um ihren Schneemann wirklich groß zu bauen.

Zuerst rollen sie eine große, dicke Bauchkugel. Der Schnee klebt so schön fest, dass sie im Nu eine Kugel fertig haben, die schon viel höher ist, als der Felsen.

Die Brustkugel machen sie zuerst so groß, dass sie nicht in der Lage sind sie auf den Bauch zu setzen, weil sie viel zu schwer für sie ist. Also rollen sie eine kleinere, heben sie auf die Bauchkugel und kleben den Schnee der großen Brustkugel in Schneeballgröße an den Schneemann dran. Das macht riesig Spaß und der Schneemann bekommt eine richtige ‚Menschenform', wie Franziska fachmännisch feststellt.

Sie formen Arme, Hände und sogar einen Kragen. Zum Schluss rollen sie eine Kugel für dem Kopf. Mit vereinten Kräften schaffen sie es, ihn auf ihren schönen Schneemannkörper zu setzen. Jetzt wird noch ein bißchen verklebt, festgeklopft und geformt und dann betrachten die beiden ihr Wunderwerk.
„Wir brauchen noch Augen, Mund und Nase," schlägt Franziska vor.

„Einen Hut, einen Besen und Knöpfe," ergänzt Luisa.

Der Besen ist kein Problem, denn Mamas Terrassenstrohbesen steht immer neben dem großen Wohnzimmerfenster. Luisa saust auch gleich los, um ihn zu holen.

„Habt ihr Kohlen für die Augen, den Mund und die Knöpfe?" fragt Franziska.

„Nein, nur Holz und Briketts, aber wir können doch auch Steine nehmen, oder?"

„Klar!" Franziska freut sich über Luisas Vorschlag. Dazu müssen sie aber erst genügend Schnee vom Feldweg wegräumen, damit sie auch ausreichend Steine in der richtigen Größe für ihren Schneemann finden.

Jetzt folgt der schwierigste Teil. Luisa erklärt Franziska nämlich, dass der schönste Hut, den ihr Schneemann haben könnte, Mamas guter, grün emailierter Salatseier ist.

Nun gilt es den der Mama aus dem Kreuz zu leiern. Die beiden Mädchen laufen an die Haustüre und ziehen an der Glockenschnur.

Papa hat als Klingel für das Haus eine alte Pferdeglocke vom Bauern in das Vorhäuschen gehängt.

Mit einer Schnur und einer Rückzugsfeder klingt sie viel schöner, als alle elektrischen Klingeln.

Mama ist sofort an der Türe und schaut ganz streng: „Psst, die Neele schläft!"

„Mama, schau mal, wie toll unser Schneemann geworden ist."

Mamas strenge Miene erhellt sich, als sie die beiden rotbackigen Mädchen vor der Türe stehen sieht.

„Der ist ja wirklich besonders schön gelungen," stellt Mama fest, nachdem sie einen Schritt nach draußen gemacht hat, um die Arbeit der Mädchen zu bewundern.

„Nun bräuchten wir aber auch einen besonders schönen Hut für den Schneemann," nutzt Luisa Mamas Lob gleich aus.

„Und kann ich euch dabei helfen?" fragt Mama lächelnd.

„Eigentlich paßt da nur dein grüner Salatseier!"

Luisas selbstbewußte Behauptung überzeugt Mama sofort. Als sie in die Küche geht um den Salatseier zu holen, denkt sie zufrieden bei sich, wie schön und problemlos die beiden Mädchen doch den ganzen Tag schon miteinander spielen. Mit dem Salatseier bringt sie den Kindern auch eine Tasse warmen Tee.

Während die beiden den Tee trinken, stellt Luisa vorsichtig fest, daß der Schneemann ja wohl noch eine Nase bräuchte.

„Wie konnte ich das nur vergessen," schüttelt Mama entsetzt den Kopf und läuft wieder hinein, um Franziska und Luisa drei gelbe Rüben zu holen. Zwei davon schabte sie vorher noch ab, denn sie kannte ihre Tochter doch. An einer gelben Rübe würde sie nie vorbeikommen, ohne hinein zubeißen. Dafür würde Luisa jedes Bonbon und jede Schokolade liegen lassen.

Die Gesichter der beiden Mädchen bewiesen ihr sogleich, wie recht sie hatte.

Den Mund voll und laut knackend beim Kauen sind die beiden mit ihren Schätzen schon wieder draußen. Franziska ist die erste auf dem Stein und setzt dem Schneemann seinen ‚Hut' auf den Kopf, während Luisa die dicke Rübe fest in das Schneegesicht drückt.

Dann stehen die beiden vor ihrem neuen Freund und Luisa ruft laut: „Herzlich willkommen, Tom!" Franziska schaut sie verblüfft an: „Wieso Tom?" „Ist doch ein schöner Name für einen Schneemann, oder?"

„Stimmt," pflichtet Franziska bei und die beiden Mädchen tanzen um ihren Schneemann herum, während sie laut seinen Namen rufen.

„Guten Morgen, Tom," ruft Luisa laut ihrem Schneemann zu, als sie am ersten Schultag nach den Weihnachtsferien mit Michel, dem Nachbarjungen, der sie jeden Morgen abholt, zum Schulbus aufbricht.

Dann stutzt sie, als sie zu Tom rübersieht und bleibt entrüstet stehen.
„Der hat keine Nase," stellt Michel lapidar fest. „Aber ich hab' ihm gestern eine ins Gesicht gesteckt," rechtfertigt sich Luisa.
Die beiden laufen zu dem Schneemann. „Vielleicht ist sie runtergefallen," tröstet sich Luisa selbst. Es hatte auch in der vergangenen Nacht noch ein bißchen geschneit. Die beiden suchen vor Tom den Garten ab und schieben mit den Füßen den Schnee ein wenig auf die Seite. Die gelbe Rübe können sie aber nicht finden.

Mama klopft ans Fenster und deutet mit dem Zeigefinger auf ihre Armbanduhr. Da sputen sich die Beiden, um den Schulbus nicht zu verpassen. Luisa läßt es aber keine Ruhe, zu überlegen, wohin Toms Nase wohl verschwunden ist.

Michels Vermutung, ein Hase könnte in der Nacht die Rübe geklaut haben, konterte sie mit der Bemerkung: „Das muß ja ein Monsterhase gewesen sein oder er hat eine Leiter dabei gehabt, um zu Toms Gesicht hinaufzukommen."

„Da hast du recht," pflichtet ihr Michel bei, „vielleicht ist sie ja runtergefallen und der Hase hat sie vom Boden mitgenommen."

„Mag sein," grübelt Luisa, aber so richtig will sie nicht daran glauben. Sie muß aber zugeben, dass sie in der Eile nicht auf die Spuren im Schnee geachtet hatte.

Wenn es bis Mittag nicht wieder zu schneien anfangen würde, könnte sie auch nach der Schule noch schauen, ob Hasenspuren im Garten zu sehen sind. Zwar hatten sie die Spuren um den Schneemann schon zerstört und auf dem Weg ist auch schon geräumt, aber ein Hase kommt in der Regel ja nicht auf der Straße oder dem Gartenweg. Da werden die Spuren ja wohl noch zu finden sein.

Über die Freude, alle ihre Schulfreundinnen und Schulfreunde wieder zu treffen, vergißt Luisa in der Schule Toms Nase völlig.

Im Bus auf dem Weg nach Hause kommt ihr das Verschwinden der Rübe wieder in den Sinn. Noch bevor sie zu Mama und Neele ins Haus geht, läuft sie den Gartenzaun entlang, um zu sehen, ob eine Hasenspur zu ihrem Schneemann führt. Außer der Spuren ihrer beiden Katzen Josie und Lore sind aber keine anderen im Garten zu finden. Auf der Nachbarwiese vom Bauern kann sie Rehspuren entdecken, die schon ein bißchen verschneit sind. Auch ein Fuchs ist gestern Nacht offenbar quer über die Wiese gelaufen.

Papa hat ihr letzten Winter erklärt, wie man die Fuchsspur erkennt. Zwischen den Pfotenabdrücken streift er mit seiner Rute nämlich leicht über den Schnee. Und diese Wischer sind auf dem Schnee gut zu erkennen. Offenbar ist er aber überhaupt nicht in Richtung ihres Hauses gelaufen. Und auch die Rehe haben am Stacheldrahtzaun vom Bauern kehrt gemacht.

Luisa sucht noch einmal vor Tom den verschneiten Rasen ab, kann aber nicht ein Stückchen von der Rübe finden.
Verwundert geht sie ins Haus. Mami hat saure Eier, eine ihrer Lieblingsspeisen, für sie gekocht. Wie jeden Mittag schläft Neele schon. Beim Essen erzählt Luisa Mama von der verschwundenen

Karotte. Mama legt ihr eine neue Rübe auf den Tisch. „Aber erst nach den Hausaufgaben!" sagt sie und sieht Luisa dabei an, als hätte Luisa was mit dem Verschwinden der Karotte zu tun.

„Die ist wirklich verschwunden," empört sich Luisa.

Mama lacht und sagt: „Ja, ja, ich glaub' dir ja." Luisa weiß ganz genau, dass Mama ihr nicht glaubt und das wurmt sie unheimlich.

Kaum ist sie mit ihren Hausaufgaben fertig, beeilt sie sich auch schon rauszukommen, um Tom seine neue Nase einzusetzen. Sie muß das Loch der ersten Nase zuerst wieder mit Schnee zu machen, denn die neue Nase ist nicht mehr so dick, wie die erste war, dafür aber um einiges länger.

„Könntest du nur reden," spricht Luisa mit ihrem Schneemann, „dann wüßte ich, wer deine Nase stibitzt hat und Mama würde nicht mich verdächtigen."

Dann überprüft sie noch einmal den ganzen Garten. Außer den Fußspuren, die wohl von ihr, Franziska und Michel stammen, sind keine Spuren zu entdecken, die zu Tom hinführen.

Sie kann sich das einfach nicht erklären. Und dann überlegt sie angestrengt, ob es denn einen Vogel gibt, der Karotten klauen könnte. Ihr fällt aber keiner ein.

Sie beschließt, heute abend Papa danach zu fragen.

Am Abend kommt Papa zu ihr ans Bett, um ihr eine Geschichte zu erzählen. Luisa fragt ihn, ob er einen Vogel kenne, der Karotten stiehlt. Papa ist sehr verwundert über diese Frage. Da erzählt Luisa die ganze Geschichte mit Toms Nase. Papa weiß auch keine Erklärung für die verschwundene Nase und ein Vogel fällt ihm auch nicht ein.

„Ein Rabe könnte eine Karotte wohl klauen, aber dann müßtest du ja auch die Spuren im Schnee gesehen haben", überlegt Papa, „einen Vogel, der so einfach im Vorbeifliegen eine Karotte mitnimmt, den gibt es hier sicher nicht."

Am nächsten Morgen berichtet Michel schon im Vorhäuschen, dass Toms Nase wieder weg ist.

Luisa ist entsetzt. Schnell zieht sie sich an, ruft ein „Servus" ins Haus und saust zusammen mit Michel hinaus in den Garten. Vorsichtig hält sie Michel zurück, denn sie will ganz genau nach Spuren suchen. Es hatte aber nicht geschneit heute Nacht. Um Tom herum ist der Schnee zertrampelt und Luisa kann keine ungewöhnlichen Spuren erkennen. Vogelspuren würde sie sofort sehen, aber auch Hasenspuren sind keine zu finden. Schweigend geht sie neben Michel zum Schulbus.

„Wer klaut Toms Nase?" Dieser eine Satz martert sie den ganzen Vormittag. In der Schule ist sie total unkonzentriert und sie bekommt fast nichts vom Unterricht mit.

Der Mama sagt sie diesmal nichts von der zweiten verschwundenen gelben Rübe. Sie will aber unbedingt rausbekommen, wie Toms Nase immer verschwindet und so heckt sie einen Plan aus.

Als Mama mit Neele im Kinderzimmer ist, schleicht Luisa sich in die Speisekammer und nimmt sich eine gelbe Rübe. Eigentlich hätte sie gerne zwei genommen und eine gegessen. Wenn Mama sie aber dabei erwischen würde, würde sie sicher glauben, sie hätte Toms Nase aufgefuttert. Also nimmt sie doch nur eine und steckt sie sofort in ihre Anoraktasche. Wenn sie nach den Hausaufgaben hinaus zum Spielen gehen wird, bekommt Tom seine dritte Nase.
Und Luisa schwört sich, dass diese Nase nicht verschwinden wird, ohne dass sie es mitbekommen würde.

Am Abend, nachdem Papa ihr eine Geschichte erzählt hatte und ihr einen Gute-Nacht-Kuss gegeben hatte, löscht er das Licht in Luisas Zimmer und geht ins Wohnzimmer zu Mama.

Luisa steht leise wieder auf, stellt an ihrer Stereoanlage den Wecker auf 24 Uhr und steckt den Kopfhörer ein. Dann legt sie sich ins Bett und setzt den Kopfhörer auf. So kann sie einschlafen und wenn Mama und Papa im Bett sind, wird sie geweckt, ohne dass es jemand anderes merkt.

Punkt Mitternacht wird sie geweckt. Eine fremde Männerstimme sagt: „Es ist Null Uhr. Guten Morgen meine Damen und Herren."

Erschrocken fährt Luisa aus dem Schlaf hoch. Dummerweise kommt keine Musik aus dem Kopfhörer, sondern diese Männerstimme beginnt zur vollen Stunde mit den Nachrichten. Daran hatte sie natürlich nicht gedacht. Aber Hauptsache sie ist jetzt wach. Sie lauscht, ob Mama und Papa noch auf sind. Es ist still im Haus. Sie nimmt ihre Kuscheldecke, ihr Kissen und ihren Teddy Pauli klettert aus ihrem Galeriebett hinunter und huscht zum Fenster.

Tom steht im Licht der Straßenlaterne und seine Nase ist noch in seinem Gesicht. Luisa setzt sich in die Fensternische und kuschelt sich in ihre Decke. Sie will Tom bis zum nächsten Morgen nicht mehr aus den Augen lassen. Es dauert aber nicht lange, da ist Luisa eingeschlafen.

Das Klappern am Gartentürchen schreckt sie auf. Draußen ist es dunkel. Luisa weiß nicht, wie lange sie auf dem Fensterbrett geschlafen hatte und sie ist froh, dass sie nicht hinuntergeplumpst ist. Schnell vergewissert sie sich, ob Tom seine Nase noch hat.

Da sieht sie auch schon eine schwarze Gestalt auf den Schneemann zugehen. Mit zwei, drei Schritten geht sie auf Tom zu, reißt ihm die Nase aus dem Gesicht, wirft einen kurzen Blick über die Schulter direkt auf das Haus zu und genauso schnell, wie sie gekommen ist, ist sie auch wieder verschwunden. Luisa hört wieder das Klappern des Gartentores , das sie von ihrem Fenster nicht sehen kann. Dann ist der Spuk zu Ende.

Wie benommen überlegt Luisa, was gerade passiert ist. Sie holt sich die dunkle Gestalt in ihr Gedächtnis zurück. Es war eine Frau, das hatte sie deutlich gesehen. Sie hatte einen schwarzen Mantel an, schwarze lange Haare und eine schwarze Strickmütze ohne Bommel auf dem Kopf. Auch ihre Stiefel und ihre Handschuhe waren schwarz. Das Einzige, was nicht schwarz war, war der glänzende dünne Gürtel an ihrem Mantel. Er war silbern oder golden. Vielleicht waren ihre Sachen auch nur wegen der Nacht schwarz. Auf jeden Fall waren sie dunkel.

Jetzt packt Luisa langsam der Zorn. Da bauen Kinder mühselig einen Schneemann und dann kommt mitten in der Nacht eine fremde Frau daher und stiehlt ihrem Schneemann die Karottennase.

„Wie gemein!" denkt sie.

Dann nimmt sie ihre Kuscheldecke, ihr Kissen und den Pauli wieder unter den Arm und klettert zurück in ihr Bett, nicht ohne ihren Wecker wieder auf 6.21 Uhr zu stellen und den Kopfhörer heraus zu ziehen. Auf ihrer Digitaluhr ist es gerade halb eins.

Lange kann sie nicht einschlafen. Diese Gemeinheit macht ihr zu schaffen. Sie kann einfach nicht verstehen, wieso eine erwachsene Frau so etwas tut. Bevor sie wieder einschläft, beschließt sie, dem Papa morgen abend zu erzählen, was sie heute Nacht gesehen hatte.

„Das ist ja unglaublich und hundsgemein, was du da gesehen hast," empört sich Papa am nächsten Abend.

„Was sollen wir denn jetzt tun?" fragt Luisa.

„Du hast doch dem Tom heute sicher keine neue Nase ins Gesicht gesteckt, oder?" will Papa wissen.

„Natürlich nicht, die wird doch wieder von der Frau geklaut," antwortet Luisa enttäuscht, „ein Schneemann ohne Rübennase ist aber gar kein richtiger Schneemann. Wenn Tom nicht bald endgültig eine Nase bekommt, dann - glaube ich- schmilzt er vor Gram."

Papa tröstet Luisa ein bißchen und macht ihr einen Vorschlag. „Du bleibst heute im Bett und schläfst dich richtig aus, damit du morgen in der Schule nicht einschläfst. Ich werde etwas länger aufbleiben und immer wieder hinausschauen. Sollte die Frau wiederkommen, dann stelle ich sie zur Rede, einverstanden?"

Natürlich ist Luisa einverstanden. Einen so starken Helfer wie den Papa kann sie doch gar nicht abschlagen. Außerdem ist sie wirklich sehr müde heute.

Am nächsten Morgen beim Frühstück fragt sie den Papa, ob er denn die Frau letzte Nacht gefaßt habe.

„Welche Frau?" fragt die Mama, die gerade die Neele stillt.

„Die Nasendiebin, natürlich!" ruft Luisa und Mama versteht nur ‚Bahnhof'.

„Ich habe sehr oft in den Garten geschaut, aber ich habe niemanden gesehen," berichtet Papa.

„Schade!"

Luisa ist enttäuscht, „dann müssen wir heute Nacht eine richtige Nachtwache aufstellen," schlägt sie vor.

„Wir werden sehen, jetzt mach' dich fertig für die Schule."

Luisa merkt, dass Papa ihren Plan nicht so gut findet. Sie ist aber überzeugt davon, dass man die Diebin einfach stellen muß, auch wenn es nur drei Karotten sind, die sie gestohlen hatte.

Papa läßt sich aber auch abends nicht für ihren Plan begeistern.

„Vielleicht am Wochenende," schließt er das Thema ab, „aber nicht, wenn du am nächsten Morgen zur Schule mußt und ich zur Arbeit."

So muß Tom ohne Nase im Garten stehenbleiben und Luisa denkt jedesmal beim Vorbeigehen, dass er ein richtig trauriges Gesicht hat.

Wie vereinbart geht Luisa am Sonntagnachmittag mit Franziska am Leitenberg rodeln. Und wie Franziska vorhergesagt hatte sind die Jungs alle total begeistert von Luisas Turbo-Schneematte. Alle wollen sie einmal ausprobieren und wissen, woher Luisa sie hatte.

„Keine Ahnung," lacht Luisa verschmitzt, „da müßt ihr schon den Weihnachtsmann fragen."

Die beiden Mädchen lachen, als die Jungs mit dummen Gesichtern abziehen.

Gerade wollen sie wieder lossausen, da ruft Luisa: „Halt mal! Siehst du dort unten die Frau?"

Sie zeigt auf die Frau, die unten auf der Leitenbergstrasse an allen Schlittenfahrern hastig vorbeigeht. Sie hat lange schwarze Haare, eine dunkelrote Strickmütze ohne Bommel auf dem Kopf und einen langen schwarzen Mantel an mit einem silbernen Gürtel.

„Welche?" fragt Franziska.

„Die dunkle, die da vorbeigeht, kennst du sie?"

„Nö, kennen tu ich sie nicht," antwortet Franziska, „aber ich weiß, wo sie wohnt."

„Wo denn?" Luisa war ganz aufgeregt.

„Die ist vor ein paar Wochen beim Meisl-Bauer in das kleine Austragshaus gezogen. Ich glaub, das ist eine Ausländerin. Was willst du denn von der?"

„Ach nichts." Luisa will nicht unbedingt von ihrer nächtlichen Beobachtung erzählen, weil sie Angst hat, die anderen Kinder könnten sie dann auslachen und meinen, sie phantasiere oder träume. Als sie unten am Berg angekommen waren, schlägt Luisa Franziska vor, doch ein paarmal mit den Jungs zu fahren, die immer noch neugierig auf ihre Matte schauen.

„Ich bin gleich wieder zurück." Franziska läßt sich das nicht zweimal sagen.

Der Meisl-Bauer ist ja gleich um die Ecke und Luisa will doch einmal nachsehen, wo die Frau wohnt. Vielleicht würde der Papa mit ihr dann zu ihr hinfahren.

Vor dem Bauernhaus stehen die beiden Autos der Meisls. Luisa kennt die Autos, denn Herr Meisl ist ab und zu bei Papa und Frau Meisl bringt mit ihrem Auto den Jakob und den Max zur Schule, wenn es regnet.

Sie geht zur Türe des kleinen Austragshauses. Langsam drückt sie den Türgriff hinunter und huscht in den Flur. An der Garderobe fällt ihr sofort der schwarze Mantel mit dem dünnen silbernen Gürtel ins Auge. Sie lauscht an den beiden Holztüren. Hinter einer Türe hört sie Geräusche. Sie nimmt ihren ganzen Mut zusammen und klopft an. Als sie ein leises „Ja, bitte!" hört, öffnet sie die Türe.

Am Küchenherd steht die Frau und sieht sie verwundert und erschrocken zugleich an.

„Hallo, was willst du?" fragt sie flüsternd. Momentan kann Luisa gar nichts sagen. Irgendwas schnürt ihr den Hals zu. Sie sieht die Frau an. Sie ist eine sehr hübsche Frau, findet Luisa, vielleicht so alt wie Mama. Sie hat schöne, lange, schwarze Haare mit vielen Locken, braune Haut und große, dunkle Augen. Und Luisa glaubt, dass sie geweint haben mußte, denn sie sieht total traurig aus.

Sie hat einen weißen Rollkragenpullover an, eine blaue Jeans und Filzpantoffeln, wie sie die Mama auch trägt. Die kleine Wohnküche ist spärlich eingerichtet. Außer dem Herd und dem Spülbecken gibt es nur noch einen Tisch und zwei Stühle. Auf dem Tisch steht eine Kerze. Neben dem Herd ist ein Durchgang, der mit einem bunten Vorhang zugezogen ist. An der Wand hängt ein Poster mit einem weißen Pferd.

Die Frau rührt in einem kleinen Topf und fragt Luisa noch einmal: „Was willst du denn?"
„Warum hast du meinem Schneemann die Nasen gestohlen?" stottert Luisa. Die Frau sieht Luisa entsetzt an, zieht den Topf vom Herd und setzt sich auf einen Stuhl. Eine Weile starrt sie Luisa nur an, dann fängt sie an zu weinen.
Luisa geht ein paar Schritte auf sie zu. „Warum tust du das?" will sie noch einmal wissen, macht dabei den Reißverschluß ihrer Schneeanzugtasche auf und hält der Frau ihre Packung Papiertaschentücher hin.

Sie setzt sich auf den anderen Stuhl und wartet, bis die Frau ihre Tränen abgewischt und sich geschneutzt hatte.

„Wer bist du denn?" fragt die Frau.

„Ich bin die Luisa, vom Weiler drüben! Und wer bist du?"

„Ich bin die Aysel."

Luisa und die Frau reden ganz leise und Luisa weiß nicht, warum sie das tun.

Da steht die Frau auf und nimmt Luisas Hand. Sie führt sie zu dem Durchgang, öffnet den Vorhang und bedeutet Luisa mit dem Zeigefinger auf den Lippen, nicht zu sprechen. Hinter dem Vorhang ist ein kleines Zimmer mit einem Schrank und einem Bett. Die Frau führt Luisa an das Bett heran und da sieht Luisa den kleinen Kopf eines schlafenden Babys. Das Baby sieht ganz anders aus als ihre Schwester Neele. Es hat viel dunklere Haut und unter dem weißen Mützchen luken schwarze Haare heraus. Das Baby schläft ruhig und friedlich. Die Frau und Luisa schleichen wieder zurück in den Küchenraum.

„Ich hab' deine Karotten für das Baby genommen, sonst hätte ich nichts zum Essen für sie," flüstert die Frau.

„Wieso kaufst du nichts zum Essen?" fragt Luisa.

„Das tue ich ja, aber es reicht nicht."

„Hast du denn keinen Mann oder warum bist du so arm?" will Luisa wissen.

„Ach das ist eine lange Geschichte," sagt die Frau.

„Erzähl mir doch die Geschichte," läßt Luisa nicht locker.

„Ich weiß nicht, ob du das schon verstehst," zweifelt die Frau, „ weißt du, der Papa von der kleinen Judith da drüben, der wollte das Baby nicht und hat mich allein gelassen, als ich ihm gesagt habe, dass ich schwanger bin."

„Und warum bist du dann nicht zu deiner Mama und deinem Papa gegangen, die könnten dir doch helfen?" fragt Luisa weiter.

„Weißt du, meine Eltern sind Türken und die haben einen anderen Glauben, wie die Leute hier in Deutschland. Zu diesem Glauben gehört es, daß die Eltern den Mädchen die Männer aussuchen. Meine Eltern haben mir schon einen Mann ausgesucht, als ich ungefähr so alt war wie du.

Den Mann habe ich aber nie gesehen, weil ich hier in Deutschland geboren bin und auch nicht in die Türkei zurück will. Als ich dann einen deutschen Freund hatte, da waren meine Eltern ganz böse mit mir und haben mich nicht mehr sehen wollen.

Und ich glaube, wenn sie wüßten, dass die kleine Judith da ist, wären sie noch viel böser mit mir."

„Das ist aber gemein von deinen Eltern," empört sich Luisa.

„Ich weiß nicht," sagt die Frau, „man muß das auch verstehen, die sind mit diesem Glauben und diesen Bräuchen aufgewachsen. Ich kann ihnen gar nicht richtig böse sein. Sie denken halt anders, wie wir. Deswegen sind sie keine schlechten Menschen."

„Du hast sie immer noch lieb, obwohl sie dich nicht mehr sehen wollen?" Luisa ist verwundert.

„Natürlich hab' ich sie noch lieb. Sie sind doch meine Mama und mein Papa."

Die Frau schaut Luisa fast vorwurfsvoll an.

„Stimmt!" denkt Luisa, sie könnte ihrer Mama und ihrem Papa auch nicht richtig böse sein.

„Meine Mama würde es bestimmt  nicht aushalten, mich nicht mehr zu sehen," versichert Luisa .

Die Frau zuckt nur leicht mit den Schultern.

Plötzlich fällt Luisa ein, dass sie wieder zurück zum Leitenberg muß, weil sich Franziska sonst vielleicht Sorgen macht.

„Ich muß jetzt wieder gehen," sagt sie zu der Frau, darf ich später wieder vorbei kommen?"

„Natürlich darfst du wiederkommen," sagt die Frau und Luisa scheint es, als klinge ihre Stimme etwas fröhlicher.

„Servus, Frau....?" sie wußte nicht, wie sie die Frau ansprechen sollte.

„Sag, Aysel zu mir," bietet ihr die Frau an und gibt Luisa die Hand,

„Servus, Luisa, bist du mir sehr böse, wegen der Karotten?"

„Ich glaub' nicht," antwortet Luisa, „es war ja nicht wirklich gestohlen, sondern für die Judith."

Luisa macht eine Kopfbewegung zum Vorhang hin.

„Vielleicht gibt dir meine Mama etwas ab, wir haben nämlich auch ein Baby. Bis später."

Und dann schleicht sie leise hinaus.


Am Leitenberg rutscht sie noch ein paarmal mit Franziska hinunter, aber es macht ihr keinen großen Spaß mehr. Franziska fragt Luisa auch, wo sie gewesen sei und ob irgendwas los sei mit ihr, denn sie sei so komisch drauf.

„Es ist nichts!" beruhigt sie Franziska.

In Gedanken war sie aber bei Aysel und Judith, sie hat aber keine Lust, mit Franziska darüber zu reden.


Es ist noch hell, als sie sich auf den Heimweg macht. Mama und Papa merken natürlich gleich, dass mit Luisa irgend etwas nicht stimmt. Sie setzt sich zu ihnen an den Tisch und erzählt die ganze Geschichte von Anfang an. Als sie fertig ist, entschuldigt sich Mama bei ihr:

„Ich habe tatsächlich geglaubt, du hättest dem Tom seine Nasen gefuttert. Da hab' ich dir ja sehr unrecht getan, sei mir nicht böse."

„Bin ich dir ja gar nicht," versichert Luisa, „können wir der Aysel und der Judith helfen?"

Luisa sieht Mama und Papa bittend an.

„Zieh dich an," sagt Papa „wir wollen mal sehen, was wir machen können."

Mama lächelt, steht auf und gibt ihr und Papa einen Kuss.

Papa und Luisa fahren ins Dorf. Nach mehr als einer Stunde kommen sie mit Aysel und ihrem Baby wieder nach Hause.

Mama und Aysel haben sich auf Anhieb verstanden und sind heute sehr gute Freundinnen.

Neele und Judith können zwar noch nicht miteinander reden, aber sie spielen sehr viel miteinander. Luisa denkt, die beiden werden sicher irgendwann sehr gute Schulfreundinnen. Aysel geht jetzt sogar ab und zu arbeiten und Judith ist dann bei ihnen.

Luisa grübelt immer noch über all das, was da geschehen ist nach.

„Stehlen ist nicht okay," daran gibt es für sie keinen Zweifel, „aber ist Aysel deswegen ein böser Mensch?"
Einiges paßt da nicht mehr zusammen.

„Warum kannst du mir das nicht erklären?" denkt Luisa, als Tom mit seiner vierten Nase in der Februarsonne ganz wegschmilzt.

# Die kluge Königin

Luisa beobachtet seit einiger Zeit den roten Milan, der über ihr im Blau des wolkenlosen Himmels seine Kreise dreht.

Papa hat ihr einmal genau erklärt, dass man diesen großen Greifvogel an dem orangeroten Schwalbenschwanz erkennen kann. Luisa würde ihn aber auch an seinem Flug erkennen, denn sie findet, der rote Milan ist wohl der beste Segler von den Vögeln, die sie kennt.

Sie liegt in der Hängematte, die Papa zwischen der großen Birke und dem alten Apfelbaum aufgehängt hat. Rundherum ist es still. Nur ab und zu durchdringt das Rufen des Turmfalkenpaares, das im Wald hinter dem Haus auf einer hohen Kiefer nistet, die Nachmittagsruhe. Luisa kann stundenlang so daliegen, mit Augen und Ohren die Natur beobachten und dabei ihren Träumen und Gedanken nachhängen.

Sie stellt sich gerade vor, dass der Käfer Karl und sein Freund Erwin - der Grashüpfer - vor ihrem Häuschen im Apfelbaumstamm sitzen und in ihren Liegestühlen auch die Sonne und die Ruhe genießen.

Während sie mit den Augen den Flug des Milans verfolgt, fragt sie murmelnd in Richtung des Käferhauses: „Wie kommt es, dass hier draußen alles so zusammenpaßt?"

„Was meinst du damit?" fragt der Käfer Karl zurück.

„Na, zum Beispiel , dass die Blätter an den Bäumen wachsen, dass aus den Blüten Äpfel oder Birnen werden, dass es Käfer gibt und Regenwürmer, Bienen, die Blüten bestäuben, Vögel, die auf den Bäumen Nester bauen, die Sonne, der Regen, der Schnee.... alles hier draußen stimmt irgendwie. Wie kommt das? Wer macht das?"

„Du kannst komplizierte Fragen stellen," murrt der Käfer Karl, „du willst ja gleich alles auf einmal wissen. Wenn du mich fragen würdest, wie aus den Blüten Äpfel werden, dann könnt' ich dir das erklären...."

„ Da ist ja auch nichts dabei," unterbricht ihn Luisa, „ das lernt man in der Schule. Aber warum das alles zusammenpaßt, das hat mir noch keiner erklären können."

„Also, da mußt du schon jemanden Gescheiteren fragen. Ich kann dir das nicht erklären, aber vielleicht könnten es der Fridolin oder der Muck."

„Oder der Igel Fritz," ergänzt Erwin den Vorschlag von Käfer Karl.

Fridolin ist der alte Regenwurm, der in Luisas Gute-Nacht-Geschichten immer bei Käfer Karl im Haus überwintert. Und Muck ist der Maulwurf, der mit seinem dicken Buch öfters abends bei Käfer Karl vorbeikommt, um den versammelten Tieren Geschichten vorzulesen.

„Keine schlechte Idee." Luisa geht gerne auf den Vorschlag der beiden Freunde ein und macht sich mit ihnen auf den Weg zu einem der Maulwurf-haufen gleich neben dem Holzschuppen hinter dem Haus.

Käfer Karl mußte gar nicht lange rufen, bis in den kleinen schwarzen Erdhügel Bewegung kam. Kurz darauf  kamen auch schon die Wühlhände und die Nasenspitze des Maulwurfes zum Vor-schein. Murrend und ärgerlich blinzelte der kleine schwarze Erdbewohner aus seinem Erdhäufchen heraus. Die Brille war ihm bis auf die Nasenspitze vorgerutscht und das Tageslicht bekam ihm offen-sichtlich gar nicht recht, denn sein Kopf bewegte sich hektisch schnüffelnd durch die Nachmittags-luft.

„ Ihr habt sie wohl nicht mehr alle," maulte er die drei Störer an.

„Mitten in meiner Mittagsruhe schreit ihr in meinen Tunnel. Habt ihr eigentlich eine Ahnung, was das für ein Gefühl für einen Maulwurf ist?

Ein Erdbeben der Stärke sechs ist ein Dreck dagegen.“

„Tut mir Leid,“ entschuldigte sich Käfer Karl für seine Störung, „aber beruhige dich nur wieder, wir mußten dich wecken, denn Luisa hat uns eine Frage gestellt, die wir beim besten Willen nicht beantworten können, die aber unbedingt beantwortet werden muß.“

„Und da haben wir uns gedacht, dass du der Richtige wärst, den wir fragen könnten,“ ergänzte ihn Erwin, der Grashüpfer.

„Und was wollt ihr wissen?“ Der Maulwurf fühlte sich zwar geschmeichelt, murrte aber immer noch. „Macht schnell, ich will weiterschlafen.“

„Luisa will wissen, wie das ganze Leben hier im Garten, da drüben im Wald und da hinten im Bach so zusammenpaßt,“ versuchte der Käfer Luisas Frage zu erklären.

„Oje,“ stöhnte Muck, „jetzt stellt die schon mit zehn Jahren die Frage, an der sich die Menschen schon seit Tausenden von Jahren die Zähne ausbeißen und auf die sie noch nie eine richtige Antwort bekommen haben.“

Enttäuscht sah Luisa den kleinen schwarzen Kerl, der da aus der Erde rausguckte an.

„Heißt das, niemand kann mir eine Antwort auf meine Frage geben?“

„Das hab‘ ich nicht gesagt,“ beschwichtigte Muck

gelehrig, „aber wenn du glaubst, ich kann dir das mit einem Satz erklären und mich dann wieder schlafen legen, dann hast du dich und vor allem ich mich gründlich geirrt. Ganz ehrlich, ich kann dir auch nur einen Teil deiner Frage beantworten. Das liegt wohl daran, dass meine Welt nicht hier draußen im Freien ist, sondern da unter der Erde. Und da ist der Horizont, wie du leicht verstehen wirst, etwas begrenzt. Ich habe zwar ziemlich viel Zeit ungestört über vieles nachzudenken, aber einiges bleibt mir da unten dann doch verborgen. Ich kann dir aber weiterhelfen und dich zu jemanden bringen, der weit mehr weiß als ich und der dir wirklich alles erklären und beantworten kann."

Luisas Gesicht hellte sich auf und freudig erregt drängte sie den Maulwurf:

„Spann mich nicht so auf die Folter, sag' schon, wer mir die richtige Antwort geben kann."

„Zunächst mußt du geduldiger werden," bremste Muck sie, „die Ungeduld ist nicht der beste Lehrmeister, um Lösungen für solch' wichtige Fragen zu bekommen. Und dann wirst du mir dahin folgen müssen, wohin die Menschen eigentlich nicht gerne gehen, weil sie Angst haben."

„Wohin?" Luisa war etwas mulmig zu Mute.

„Wir müssen zu Regina, der Bienenkönigin gehen," sagte Muck feierlich.

Voller Erstaunen und Ehrfurcht und mit großen Augen fragten Käfer Karl und Erwin fast gleichzeitig: „Zu Regina, der Bienenkönigin? Wird ein Mensch denn überhaupt von ihr empfangen?"

„Normalerweise nicht," stimmte Muck den Zweifeln der beiden Freunde zu, „aber bei einer solchen Frage kann ich mir vorstellen, dass sie für eine Zehnjährige schon eine Ausnahme macht."

„Lohnt es sich denn wirklich zu ihr zu gehen? Weiß sie denn wirklich so viel mehr als du?"

Luisa zweifelte langsam, ob sie ihre Frage überhaupt noch beantwortet haben wollte.

„Bienen sind nicht nur fleißige Tiere, sie sind auch bei Weitem die Klügsten, zumindest unter den Insekten," belehrte sie der Maulwurf.

„Außerdem tragen sie entscheidend dazu bei, dass viele Dinge, die zum Beispiel in diesem Garten geschehen, ihren Gang so gehen, wie du sie siehst. Ohne die Bienen im Frühling an der Blüte, bekommst du keinen Apfel, keine Birne und keine Zwetschge. Und wer dafür sorgt, dass du Honig auf dem Tisch hast, weißt du ja selbst.

Und glaube mir, das ist noch lange nicht alles, was die Bienen können und wissen und ich habe jetzt nur von den Arbeiterinnen und den Sammlerinnen der Bienen gesprochen.

Regina, ihre Königin ist noch sehr viel klüger und weiser als all die anderen Bienen. Vertraue mir nur, wenn es uns gelingt, dich in den Bienenpalast zu bringen, wird deine Frage restlos beantwortet werden."

Käfer Karl und der Grashüpfer Erwin waren inzwischen völlig aufgeregt, denn sie witterten die Chance, einmal in ihrem Leben die sagenumwobene Königin sehen zu dürfen. Für einen Käfer und einen Grashüpfer ist das wirklich etwas Besonderes, denn die Bienenkönigin ist eigentlich nie zu sehen. Sie lebt in ihrem Palast im Bienenstock, den nur die Bienen selbst kennen.
Die anderen Tiere kennen den Palast nur vom Hörensagen. Nur ganz selten ist sie unterwegs und dann ist sie umringt von ihrem Volk und das sind meistens Tausende von Bienen und Drohnen, die sie bewachen. Den Außenstehenden, wie dem Käfer Karl und seinem Freund Erwin ist der Blick auf die Königin meistens verwehrt.

Luisa merkte, dass sie sich dem Plan des Maulwurfes, die Bienenkönigin zu besuchen nicht mehr entziehen konnte. Sie mußte ihre Angst überwinden, denn sie würde ihre beiden Freunde maßlos enttäuschen, wenn sie ihnen diese Chance, Regina zu treffen, vermasseln würde.

„Wartet einen Augenblick," hielt der Maulwurf die drei zunächst noch zurück.

„Ich muß meine Augen schützen, wenn ich mit euch im Sonnenlicht gehen soll."

Kurz darauf war er zurück und hatte statt seiner Nickelbrille eine dunkle Sonnenbrille auf. Seine Augen waren einfach nicht an die Helligkeit gewöhnt, da er ja immer im Dunkeln unter der Erde lebte.

Und so trabten die vier ungleichen Gesellen los zum Bienenstock.

Eigentlich dachte Luisa, sie würden hinüber zum Eglsee gehen, denn dort, das wußte sie, hatte der Papa von der Bäuerin ein Bienenhaus. Auch auf dem nahen Pflanzgrundstück der großen Gärtnerei im Dorf stand ein Bienenhaus.

Dort führte Muck sie aber nicht hin. Verächtlich sprach er von Gegenköniginnen, die nur noch Honig für die Menschen produzieren. Nein, Muck brachte sie an den Waldrand hinter dem Haus. An seiner Nordseite war ein kleiner Hügel.

Manchmal im Winter ging Luisa dort zum Rodeln hin. Auf dem Hügel steht eine Eiche. Sie war das Ziel von Muck und seinen drei Freunden.

„Da oben, wo sich der Stamm teilt, ist der Eingang zu Reginas Palast."

Muck zeigte mit seiner rechten Wühlschaufel auf die Baumgabel. Und tatsächlich, aus einem größeren Loch im Baumstamm schwärmten Bienen in kurzen Abständen aus und andere flogen voll bepackt mit Blütenstaub wieder ein.

Luisa kannte dieses Schauspiel. Vor zwei Jahren hatte ein Wespenvolk an der Dachrinne direkt vor ihrem Kinderzimmerfenster  ein riesengroßes, eiförmiges Nest gebaut. Sie hatte den ganzen Sommer lang dieses Fenster nicht geöffnet und manchmal stundenlang den kleinen Tieren bei ihrem Treiben zugesehen. Im Herbst ist der Wespenschwarm ausgeflogen und Papa und ein Bekannter von ihm haben das Nest abgeschnitten und sie hatte es dann in einem Pappkarton mit in die Schule genommen.

Am Eingang des Bienenstockes hier an der Eiche spielte sich das gleiche Leben ab, wie damals am Nesteingang der Wespen. Eigentlich sieht es aus wie ein chaotisches Gedränge, aber letztendlich kommen die vollbepackten Bienen schnell in das Loch hinein und die anderen schnell hinaus.

„Da müssen wir hinein?" fragte Luisa.
„Da müssen wir hinein," nickte Muck nachdenklich.

„Am Eingang des Bienenstockes sind Wächterinnen, die haben einzig und allein die Aufgabe, niemanden, der nicht zu ihrem Volk gehört, hineinzulassen. Sie sind wie alle Bienen mit Giftstacheln ausgestattet und müssen diese auch benutzen, wenn jemand unbefugt eindringen will.“

„Es wäre also sehr gefährlich, wenn wir in den Palast gehen würden ?“

Luisa unternahm noch einmal den Versuch, Muck und die beiden anderen von dem Vorhaben abzubringen, zu dem sie selbst  sie ja angestachelt hatte.

„Einerseits ja, aber andererseits kann eine Wächterin genauso, wie auch jede andere Biene ihren Stachel nur ein einziges Mal verwenden, denn wenn sie ihn verwendet, stirbt sie danach. Also wird sie ihre Waffe nur im äußersten Notfall verwenden. Wir müssen versuchen, die Wächterinnen von der Wichtigkeit unseres Besuches zu überzeugen. Wir müssen ihnen auch klarmachen, dass von uns keine Gefahr für ihr Volk ausgeht.“

„Vielleicht sollten wir versuchen mit einer der Arbeiterinnen, die im Frühjahr auf unserem Baum die Blüten bestäubt haben, zu reden und zu fragen, wie wir am besten zu ihrer Königin gelangen könnten," schlug Käfer Karl vor und Erwin nickte heftig.

Während die vier unter dem Baum standen und überlegten, waren schon eine ganze Reihe von Arbeiterinnen an ihnen vorübergeflogen, die Erwin und Karl freundlich grüßten, weil sie die beiden von der tagelangen Arbeit an den Apfelblüten im Frühjahr kannten.

„Das ist eine wunderbare Idee," stimmte der Maulwurf zu.

Luisa zuckte bloß mit den Schultern. Da war auch schon wieder ein freundliches „Servus" von einer Biene zu hören.

„Servus" und „Wart' mal," antwortete Käfer Karl, während er sich aufpumpte, um sich dann mit brummenden Flügeln in die Luft zu bewegen.

Die Biene bremste ihren schnellen Flug ab und wartete bis der etwas schwerfälligere Marienkäfer neben ihr flog.

„Hast du mal ganz kurz Zeit für uns?" Käfer Karl schrie gegen den Flugwind zur Biene hinüber.

„Eigentlich nicht," rief die Biene zurück, wollte aber trotzdem wissen: „worum geht es denn?"

„Wir müssen ganz dringend zu eurer Königin," fiel Käfer Karl gleich mit der Tür ins Haus.

„Seid ihr verrückt," rief die Biene entsetzt und belustigt zugleich.

„Du weißt, daß das unmöglich ist!"

„Wir brauchen aber dringend eure Hilfe!"
Käfer Karls Stimme klang jetzt besonders dramatisch. Die Biene veranlaßte das nun doch, ihren Flug zu unterbrechen.
„Ihr braucht unsere Hilfe?"
„Ja, sogar dringend."
„Aber ihr habt doch ein Menschenkind bei euch, seit  wann nehmen die denn von uns kleinen Tieren Hilfe an?"
Die Stimme der Biene klang sehr verächtlich, als hielte sie nicht viel von den Menschen.

„Wir kommen ja sehr schnell zum Kern der Sache." Käfer Karl rang nach dem anstrengenden Flug noch kräftig nach Luft, witterte aber seine Chance, die Biene für seinen Plan zu begeistern.
„Da ist tatsächlich ein Menschenkind, das sich für uns und euch interessiert, das aber nicht alles versteht und es doch gerne verstehen möchte. Wenn du also nicht willst, dass es noch ein Menschenkind mehr gibt, das nur wild um sich schlägt, wenn es jemanden wie dich sieht und nichts anderes im Sinn hat, als Euresgleichen zu töten, dann mußt du uns helfen. Sie muß eure Königin Regina treffen, um ihr all die Fragen stellen zu können, die ihr die Menschen bisher nicht beantworten konnten."

Die Biene überlegte eine Weile, dann reichte sie dem Käfer die Hand und sagte: „Ich bin die Carolin, ich glaube, ich kann was für euch tun."

„Ich bin der Karl," sagte der Käfer erleichtert und dann flogen sie langsam zurück zu Muck, Erwin und Luisa.

„Es hat geklappt," frohlockte Muck, als er den Käfer und die Biene kommen sah.

„Woher weißt du das?"

Luisa sah die beiden zwar auch kommen, aber glaubte deswegen noch nicht daran, in den Bienenstock zu gelangen.

„Wenn der Karl eine Biene davon abgebracht hat, ihre Arbeit zu verrichten, dann nur deswegen, weil die Biene glaubt, sie hätte eine wichtigere Aufgabe zu erledigen," erklärte Muck seine Schlußfolgerung.

Als Carolin und Karl bei ihnen gelandet waren, stellte der Käfer Luisa und seine beiden Freunde der Biene vor. Dann erklärte Muck noch einmal ausführlich ihr Anliegen. Die Biene sah die Vier skeptisch an.

„Mit Karl und Erwin in den Bienenstock zu gelangen, dürfte nicht so schwierig sein. Mein Volk weiß, dass von ihnen keine Gefahr ausgeht. Luisa und Muck machen aber mächtig Probleme."

„Ich werde nicht mit in den Bienenstock kommen," legte der Maulwurf gleich von Vornherein fest, „ich habe hier draußen schon genug Schwierigkeiten mit dem Licht und kann meine Augen kaum schützen. Der Glanz der Königin und der strahlende Palast würden mich bloß überanstrengen. Nein, ich warte hier auf euch."

„ Gut," stimmte Carolin zu, „das macht die Sache geringfügig einfacher. Wartet hier, ich seh' mal zu, was sich machen läßt."

Nun war Luisa richtig aufgeregt. „Schön langsam wird es ein Abenteuer," dachte sie bei sich und sah zu Carolin hinauf, die offensichtlich mit zwei Wächterinnen verhandelte.


Nach einer Weile kam Carolin zurück. In ihrer Begleitung flog ein kleiner Schwarm Bienen, die scheinbar etwas mitbrachten.

„Ich habe mit Luitgard, der Oberwächterin gesprochen," verkündete Carolin feierlich, „ Luisa, du darfst mit Karl und Erwin in den Bienenstock. Luitgard wird sich darum bemühen, dass unsere Königin dich empfängt. Zusagen kann ich dir das aber nicht. Auf jeden Fall mußt du dieses Kleid anziehen."

Carolin deutete auf das schwarz-gelb gestreifte Kleid, das die anderen Bienen mitgebracht hatten.

Verzweifelt schüttelte Luisa den Kopf. Wie sollte sie in dieses Kleid passen. Das konnte sie höchstens über ihre Fingerkuppe ziehen.

„Du mußt es tragen," forderte Carolin Luisa auf, „sonst könnten sich viele aus unserem Volk bedroht fühlen und sich gegen dich stellen."

Der kleine Bienenschwarm flog auf Luisa zu und ehe sie sich versah, zogen sie ihr das Kleid über den Kopf. Verwundert stellte Luisa fest, dass ihr dieses winzige Kleid paßte. Noch mehr verwundert war sie darüber, dass sie selbst jetzt nicht mehr größer war als ihre Freunde der Käfer Karl und der Grashüpfer Erwin. Der Maulwurf Muck war plötzlich ein Riese für sie.

Die Bienen faßten sie bei der Hand und flogen mit lautem Gesumme hinauf zur Baumgabel vor den Eingang des Bienenstockes. Einen Moment später landete Käfer Karl neben ihr und auch Erwin ließ nicht lange auf sich warten. Carolin hielt Erwin zurück, der gleich in den Bienenstock stürmen wollte.

„Langsam, langsam, wir warten hier auf Luitgard. Bleibt bitte zusammen und haltet euch an Luitgards Anweisungen. Wir wollen doch nicht, dass irgendjemand von meinem Volk nervös wird, oder ?"

Da waren unsere drei Freunde ganz Carolins Meinung.

Kurz darauf kam Luitgard auf Luisa zu. Sie sah genauso aus wie Carolin. Luisa konnte nicht erkennen, worin sie sich als Oberwächterin auszeichnete.

„Du bist Luisa?" Luitgard wartete Luisas Zustimmung gar nicht ab.

„Du darfst zu unserer Königin. Ich habe die Wächterinnen informiert und ihnen aufgetragen, allen Arbeiterinnen mitzuteilen, dass ihr Gäste unseres Volkes seid. Bist du denn bei den Menschen eine Königin?"

„Eine Königin?" Luisa war verblüfft.

„Nein, eine Königin bin ich nicht."

„Schade, es wäre für einige in unserem Volk leichter zu verstehen, wenn unsere Königin von einer anderen Königin oder Prinzessin besucht werden würde," bedauerte Luitgard Luisas Antwort.

„Mein Papa sagt ab und zu Prinzessin zu mir," lachte Luisa verlegen.

„Das ist doch schon was," lachte nun auch Luitgard, „ein paar Wächterinnen werden dir noch einen Flügelschleier überziehen und wenn du dann vorausgehst , Käfer Karl und Erwin hinter dir und Carolin dich führt, dann sieht es zumindest aus wie ein königlicher Besuch."

Während Luisa der Flügelschleier angezogen wurde, gab Luitgard Carolin noch einige Anweisungen und dann bewegte sich der kleine Troß in den Bienenstock hinein.

Luisa war beeindruckt vom Bau des Bienenstockes und dem emsigen Leben hier herinnen. Sie schritten durch den größten Gang des Stockes. Die anderen Bienen wichen auf die kleineren Gänge aus, wenn sie die Besucher kommen sahen. Links und rechts sah Luisa eine Unmenge von sechseckigen Waben, die scheinbar alle gleich groß waren. Einige waren offen und leer, andere mit einer Haut verschlossen und Luisa hatte den Eindruck, dass sich manchmal etwas hinter der Haut bewegte. Was Luisa aber besonders auffiel, war die Sauberkeit im Bienenstock. Alles sah so aus, als hätte es jemand für den Besuch auf Hochglanz gebracht.

Plötzlich stutzte Luisa und blieb stehen. Erschrocken sah sie auf eine Biene, die um Einiges größer war als die anderen Bienen. Im ersten Moment glaubte sie, sie hätte irgendetwas falsch gemacht und diese Biene sei nun geschickt worden, um sie zu vertreiben.
Aber Carolin beruhigte sie: „Das ist eine Drohne. Unsere männlichen Bienen heißen so. Ihre Auf-

gabe ist es mit unserer Königin Kinder zu zeugen. Dann müssen sie uns verlassen. Sie sind zwar größer als wir, aber nicht gefährlich, denn sie haben keinen Stachel."

„Das wundert mich schon die ganze Zeit," sagte Luisa nachdenklich, „ihr habt eine Königin, Wächterinnen, Sammlerinnen und Arbeiterinnen. Lauter Frauen und die tragen auch noch die Waffen. Das ist ganz anders, wie bei uns Menschen."

„Das ist richtig," nickte Carolin, „in unserem Volk liegt die Macht bei den Frauen. Ich denke die Lösung ist nicht so schlecht. Wir gehen mit den Waffen vorsichtiger um. Jede von uns weiß, wenn wir unsere Waffe, den Stachel benutzen, dann sterben wir selbst. Bei euch Menschen wäre das oft auch keine schlechte Lösung, oder?"

„Da magst du recht haben." Luisa wurde noch nachdenklicher. „Aber was hat die Waffe für einen Sinn, wenn man danach selbst stirbt?"

„Nun ja, jede von uns wird ihre Waffe nur dann einsetzen, wenn sie weiß, dass sie mit ihrem Stachel einen Feind davon abhält, unserem Volk, unseren Kindern und damit unserer Zukunft zu schaden. Das ist für uns der einzige Grund, Waffen zu benutzen und dafür lohnt es sich auch, das eigene Leben zu opfern. Meinst du nicht auch?"

Schweigend ging Luisa weiter und dachte über das nach, was Carolin gerade gesagt hatte.

Plötzlich standen sie an einer Treppe, die zu mehreren Waben führte, die irgendwie anders aussahen, als die, die Luisa bisher gesehen hatte. Hier liefen auch ein paar mehr Bienen auf und ab und waren sehr emsig und geschäftig.

„Wir sind am Königinnenstock," erklärte Carolin, „hier wohnt unsere Königin und in den Waben dort oben sind einige Prinzessinnen, die sich irgendwann einmal mit einem Teil unseres Volkes auf den Weg machen, um ein neues Volk zu gründen und einen neuen Stock zu erbauen. Dort oben erwartet dich Regina."

Luisa schritt langsam und vorsichtig die Treppe hinauf. Hinter ihr folgte der Käfer und der Grashüpfer. Links und rechts auf jeder Stufe standen Wächterinnen, die Luisa mit einer Verbeugung begrüßten, wenn sie an ihnen vorbeischritt.

Das Summen der Bienen klang in Luisas Ohren wie Fanfarenmusik und sie merkte, wie sie am ganzen Körper Gänsehaut bekam. Oben auf der Treppe erwartete sie Regina, die Bienenkönigin. Sie war viel größer als die anderen Bienen und auch größer als die Drohnen. Neben ihr standen zwei Wächterinnen und hielten ihre großen Flügel, wie eine Schleppe. Luisa kam sich vor wie im Märchen. Doch trotzdem alles so feierlich und ehrwürdig war, konnte Luisa keinen Prunk und Pomp entdecken. Kein Gold und Silber, keine Diamanten oder Kristalle waren bei der Königin zu finden. Sie hatte keinen Thron, keine Krone und kein Zepter. Alles war einfach und schlicht, wie auch bei den Arbeiterinnen, den Wächterinnen und den Drohnen ihres Volkes. Und doch strahlte die Königin Ehrfurcht, Güte und Edelmut aus.

„Guten Tag, Luisa," grüßte Regina und gab ihr die Hand. Dann begrüßte sie Erwin und Karl in der gleichen Weise und bot ihnen einen Platz auf einem Wabenrand an.

Als die zwei Wächterinnen und sie sich auch gesetzt hatten, fragte sie freundlich: „Was führt dich zu mir?"

Luisa merkte, wie ihre Furcht und Nervosität langsam wich, als sie in das freundliche Gesicht der Königin blickte und ihre sanfte Stimme hörte.

„Ich weiß nicht, wie ich anfangen soll," stotterte sie noch etwas unsicher.

„Hab' keine Angst," beschwichtigte sie die Königin.

„Frag' nur nach allem, was du nicht verstehst. Ich werde versuchen, dir eine Antwort zu geben, soweit ich selbst eine Antwort auf deine Frage habe. Das Leben hält für jeden von uns viele Fragen bereit und oft brauchst du dein ganzes Leben, um für dich eine richtige Antwort zu bekommen."

„Weißt du," fing Luisa zaghaft an, „die meisten Dinge , die ich nicht verstehe, können mir meine Mama und mein Papa erklären. Und in der Schule lerne ich ja auch eine ganze Menge. Aber wenn ich zum Beispiel weiß, wie der Baum Blätter bekommt, dann weiß ich doch noch lange nicht, warum der Baum Blätter hat. Wer hat das bestimmt, dass der Baum Blätter bekommt und sie einmal im Jahr abwirft? Und wenn ich das alles erklärt bekomme, dann will ich wissen, woher das Wasser kommt für den Baum und wer das Wasser gemacht hat. Verstehst du, was ich meine?"
„Ja, ich verstehe dich."
Die Bienenkönigin lächelte nachdenklich.
„Du willst wissen, woher das erste Wasser gekommen ist und wer das Jahr in den Winter und den Sommer, den Frühling und den Herbst eingeteilt hat, stimmt's?"
„Genau!" Luisa freute sich riesig darüber, dass die Bienenkönigin sie so schnell verstanden hatte.
„Hat dir denn darauf wirklich noch keiner eine Antwort gegeben?"

Regina sah Luisa fragend an.

„Nun ja, der Herr Pfarrer in unserer Schule sagt, es wäre der liebe Gott, der das macht. Aber wer ist der liebe Gott und wo lebt er? Der Herr Pfarrer sagt auch, dass man das, was der liebe Gott macht, nicht weiß. Man muß es glauben. Das ist aber doch keine Erklärung. Und es gibt ja auch viele Menschen, die nicht an den lieben Gott glauben, oder?"

In der Wabe herrschte eine Weile nachdenkliche Stille. Alle sahen auf die Bienenkönigin, die ihren Gedanken nachhing und doch vielsagend lächelte.

„Gibt es den lieben Gott?" In diesem Moment wußte Luisa, dass genau dies die Frage war, auf die sie eine Antwort haben wollte.

„Die einen nennen es den lieben Gott," begann die Bienenkönigin Luisa eine Antwort zu geben, „andere Allah oder Buddha. Wieder andere sagen einfach Schicksal oder Fügung dazu oder erklären alles mit der Natur."

„Und wer hat nun recht?" Luisa wollte es unbedingt genau wissen.

„Eigentlich alle!" Regina schüttelte ein bißchen spöttisch ihren Kopf.

Luisa wußte nicht, ob sie erfreut oder enttäuscht sein sollte über diese Antwort.

Zufrieden war sie auf jeden Fall nicht damit und forderte die Bienenkönigin mit einer weiteren Frage heraus: „Das heißt, es gibt jemanden, der das alles in der Hand hat und zusammenfügt?"

„Jemanden oder etwas, das ist richtig!"

„Hast du den oder das gesehen?"

„Nein, gesehen habe ich so viel und so wenig wie du und alle anderen Menschen und Tiere auch. Vielleicht habe ich nur einen einfacheren Schluß gezogen wie ihr."

Luisa war jetzt ganz bei der Sache und hing aufmerksam an den Lippen der Bienenkönigin.

„Eigentlich ist es ganz einfach," fuhr sie fort, „du brauchst es nicht nur zu glauben, ich kann es dir sogar beweisen. Wenn du in einer sternenklaren Nacht zum Himmel hinauf schaust, dann siehst du den Mond, viele, viele Sterne und das Firmament. Ihr Menschen nennt es modern ‚das All'. Sage mir, wo das All zu Ende ist? Oder sieh auf deine Uhr und sage mir, wann die Zeit zu Ende ist? Wenn du das irgendwann sagen kannst, würdest du bestimmt sehr berühmt werden. Dann aber wirst du erklären müssen, was hinter dem All ist und was nach der Zeit passiert."

Das hatte Luisa verstanden.

„Aber das beweist doch nicht, dass es den lieben Gott gibt, oder?"

„Es beweist, dass unsere Welt begrenzt ist und es beweist, dass es etwas gibt, das ohne Grenzen ist. Dein Herr Pfarrer in der Schule hat sicher schon einmal gesagt: ‚Gott ist unendlich' und damit hat er recht. Die Unendlichkeit ist größer als wir alle auf der Welt. Und wir wollten doch nur beweisen, dass es etwas gibt, das größer ist als wir, oder?"

Für Luisa war Reginas Erklärung ganz simpel und einleuchtend.

„Du hast recht," stimmte sie der Bienenkönigin zu, „aber was soll ich jetzt tun?"

„Deine Aufgabe ist es, ein Mensch zu sein, nicht mehr und nicht weniger. Wenn du versuchst, dein Leben als Mensch zu leben, mit dem Respekt vor allem, was auch Recht hat zu leben, dann machst du sicherlich nichts falsch. Dann brauchst du dich vor der Unendlichkeit nicht zu fürchten. Und dann spielt es auch keine so große Rolle, wie es nach dem Tod weitergehen wird. Spekuliere nicht auf das, was danach kommen könnte, sondern versuche anständig und würdig deine Aufgabe zu finden und sie zu erfüllen."

Wieder war es still in der Wabe. Die Wächterinnen, Käfer Karl und auch der Grashüpfer Erwin erkannten wohl, dass die Bienenkönigin das alles nicht nur zu Luisa gesagt hatte. Sie hatte alle damit angesprochen und ganz sicher hat sie sich selbst auch damit gemeint.

„Das ist die Antwort, die ich dir geben kann." Die Bienenkönigin erhob sich und gab Luisa die Hand.

„Danke!" Luisa konnte nichts anderes zum Abschied sagen. Alles in ihr war in Aufruhr und trotzdem füllte sie sich sehr glücklich.

Auf dem Weg nach draußen schwiegen die drei Freunde und hingen ihren Gedanken nach. Carolin erwartete sie wieder unten an der Treppe und geleitete sie zum Bienenstock hinaus, ohne ihre Gedanken zu stören. Am Eingang des Bienenstockes halfen einige Wächterinnen Luisa dabei, den Flügelschleier und das Bienenkleid abzulegen.

Mit einem freundlichen „Servus" verabschiedete sich Carolin von ihnen und ging wieder ihrer Arbeit nach.

Auch Muck sagte nichts, als sie wieder auf dem Weg zum Garten waren. Er wußte, dass er Luisa jetzt Zeit lassen mußte, um über Reginas Antwort nachzudenken.

Benommen schlägt Luisa ihre Augen auf. Sie liegt in der Hängematte und fröstelt. Die letzten Sonnenstrahlen blitzen über das Hausdach. Der rote Milan ist verschwunden, doch auf dem Stamm des alten Apfelbaumes krabbelt ein Marienkäfer mit zehn Punkten auf den Flügeln und auf dem großen Felsen neben dem Baum sitzt ein Grashüpfer. Luisa reibt sich die Augen.

Sie steigt aus der Hängematte und läuft zum Holzschuppen hinter dem Haus. Die Erde eines der Maulwurfhaufen ist feucht und frisch aufgewühlt. Sie hockt sich hin, nimmt etwas der frischen, schwarzen Erde in die Hand und zerkrümelt sie mit den Fingern.

„Muck," flüstert sie leise, „hilfst du mir, meine Aufgabe in meinem Leben zu finden?"

*Rolf-Jürgen Lang, Jahrgang 1955, lebt in Hofstetten im Landkreis Landkreis am Lech. Er verbrachte seine Kindheit und Jugend im oberbayerischen Waldkraiburg. Nach Abschluss seines Studiums für Sozialpädagogik war er von 1980 bis 1988 Jugendpfleger im Landkreis Landsberg am Lech. Seither ist er als freier Mitarbeiter im Werbebereich für einen Münchner Verlag tätig.*

*Eva von Rossen, 1921 in Hildesheim geboren, lebt seit 1935 im Landkreis Landberg am Lech. Von Kindheit an galt ihr Interesse - gefördert durch den Vater (Portraitmaler) und die Mutter (Stoff-, Seiden- und Keramikmalerin) - der Malerei. In den Kriegsjahren 1939-43 besuchte sie die Kunstakademie in München. Seither ist sie als freischaffende Malerin tätig.*

**Der Weihnachts-
kartoffelsalat**

Geschichten mit Luisa zur Weihnachtszeit

Rolf-Jürgen Lang
**Der Weihnachtskartoffelsalat**
Geschichten mit Luisa zur
Weihnachtszeit

86 Seiten, gb., mit Illustrationen
von Eva von Rossen
19 x 12,5 cm
ISBN 3-83-6-7052-4
€ 9,60

Luisa möchte dieses Jahr endlich
herausbekommen, warum der
Kartoffelsalat zu Weihnachten
anders schmeckt als an anderen
Tagen.